L'Obstacle d'une différence

paroles de gais, réflexions
et confidences

À Patrice,

À un demi proprio
mais un ami tout entier !

Bonne lecture

Mireille

L'Obstacle d'une dif*f*érence

paroles de gais, réflexions
et confidences

Des entretiens de **Mireille Bertrand** avec

Luc Boulanger
Philippe Dubuc
Alex Perron
Pierre Salducci
Zïlon
et trois témoignages sous pseudonyme

QUÉBEC AMÉRIQUE

Catalogage avant publication de Bibliothèque et Archives Canada

Bertrand, Mireille
L'obstacle d'une différence
(Dossiers et documents)

ISBN-13: 978-2-7644-0503-1
ISBN-10: 2-7644-0503-0

1. Homosexualité masculine - Québec (Province). 2. Homosexualité.
3. Homosexuels masculins - Québec (Province) - Entretiens. I. Titre.
II. Collection: Dossiers et documents (Éditions Québec Amérique).

HQ76.2.C32Q8 2006   306.76'6209714   C2006-941048-8

Conseil des Arts **Canada Council**
du Canada **for the Arts**

Nous reconnaissons l'aide financière du gouvernement du Canada par
l'entremise du Programme d'aide au développement de l'industrie de
l'édition (PADIÉ) pour nos activités d'édition.

Gouvernement du Québec – Programme de crédit d'impôt pour
l'édition de livres – Gestion SODEC.

Les Éditions Québec Amérique bénéficient du programme de subvention
globale du Conseil des Arts du Canada. Elles tiennent également à
remercier la SODEC pour son appui financier.

Québec Amérique
329, rue de la Commune Ouest, 3e étage
Montréal (Québec) Canada H2Y 2E1
Tél. : (514) 499-3000, télécopieur-: (514) 499-3010

Dépôt légal : 3e trimestre 2006
Bibliothèque nationale du Québec
Bibliothèque nationale du Canada

Révision linguistique : Claude Frappier et Diane Martin
Conception graphique : Isabelle Lépine

©2006 **Éditions Québec Amérique inc.**
www.quebec-amerique.com
Imprimé au Canada

*À mon père, qui m'a appris le dépassement
de soi et le vrai sens du mot justice.*

*À Normand, avec qui j'apprends le vrai sens
du mot aimer.*

« Vous pouvez tout raconter, mais à condition de ne pas dire ‹ je ›. »

Propos de Marcel Proust, rapportés par André Gide dans son *Journal.*

Préface

J'aurais préféré que ce livre ne voie jamais le jour et qu'on ne me demande pas d'écrire sa préface. Dans un monde idéal, il n'aurait pas été nécessaire de l'écrire, ce livre d'entretiens. *Les gens heureux n'ont pas d'histoire,* nous dit le dicton, et on ne fait pas de très bons livres avec les gens qui n'en ont pas.

Ici, ce n'est pas le cas. Tous ont une histoire à nous raconter. Leur histoire, histoire de vie, parcourue par des hauts et des bas, par des expériences parfois difficiles mais parfois extraordinaires et pleines de promesses ; des histoires et des réflexions qui nous font comprendre et voir que l'homosexualité aujourd'hui n'est malheureusement pas encore une histoire banale, admise tel un fait divers comme cela devrait être le cas à notre époque.

Mais attention ! Ce livre d'entretiens n'est pas un livre sur l'homophobie. Non, pas du tout. Ce livre nous présente avant tout des êtres humains qui, chacun à sa façon, ont su s'épanouir et développer leurs talents malgré, à travers et même parfois grâce aux obstacles qui se dressaient devant eux. L'obstacle de la différence, bien sûr ! Une différence que l'on constate et qu'on nous renvoie surtout et que l'on finit par intérioriser comme un élément constitutif de notre être.

« Pour moi, l'homosexualité, c'est le bonheur, c'est la joie aussi », nous dit l'un des participants à ce bouquin. Oui, on peut être heureux et bien dans sa peau, peu importe son orientation sexuelle. S'il y a un message que l'on doit retenir de ce livre, c'est bien celui-ci. Mais ce bonheur, lorsqu'il se pointe finalement le bout du nez, se présente la plupart du temps comme une conquête chèrement acquise.

C'est que les vieux modèles traditionnels du couple, de la famille, de l'amitié et de l'amour ont la vie dure. Ils se présentent ou plutôt s'imposent au jeune enfant avant même que celui-ci en prenne conscience. « Comment t'appelles ça quelqu'un qui aime un autre garçon ? » demande l'enfant à sa mère. « Un maudit fif ! Un dégénéré », lui répond-elle… C'est à travers ce genre de remarques et les blagues sur les *tapettes,* tellement de fois entendues dans la cour d'école, dans l'autobus, à la télévision ou de la bouche même du père ou d'un de ces *mononcles,* que le jeune qui commence à ressentir de l'attirance envers ses amis du même sexe devra essayer de se construire sa propre identité, son propre modèle. Tâche qui, on s'en doute, n'est jamais facile…

Dans ce contexte, il n'est pas rare de voir ces jeunes adolescents s'éloigner de leur noyau familial pour se donner la chance de se trouver une fois pour toutes, de se construire et de s'épanouir. Question de survie dans bien des cas. D'où l'importance, la très grande importance que peuvent prendre les amis, les amants et anciens *chums* dans cet exercice de reconquête de son propre moi. Ce livre nous parle d'amitié.

Il nous présente aussi des modèles qui, sans doute, sauront inspirer bien des jeunes qui se posent des questions sur l'avenir qui les attend dans notre société. Et je dis « des » modèles, car, quoi qu'on en pense parfois, la communauté gaie est tout sauf homogène. Et cette différence s'exprime ici par les divergences d'opinions concernant le sens qu'il faut donner au défilé de la Fierté gaie, par exemple, aux Outgames et au Village, à l'expression et à l'importance de la sexualité et à la culture gaie en général, jusqu'à se demander finalement si celle-ci existe réellement. Sans oublier ce manque de communication et parfois les préjugés qui semblent exister entre les gais et les lesbiennes qui se présentent à nous comme deux solitudes.

Un livre vrai, parfois coup de poing qui dit les vraies choses, de beaux sentiments et le vécu d'êtres humains qui sont à la recherche du bonheur ou l'ont déjà trouvé.

Dr Réjean Thomas

Avant-propos

Très jeune, avant même d'avoir atteint l'âge scolaire, je ressentais et reconnaissais rapidement toute forme d'injustice autour de moi. Je voyais bien que les jolies personnes, surtout lorsqu'elles étaient bien nanties, bénéficiaient souvent d'attentions spéciales, voire même de privilèges, interdits aux gens moins gâtés par la nature, plus timides, plus pauvres aussi. Je compris que la beauté et la richesse apportaient inévitablement des passe-droits dans la vie. Je m'apercevais également que les gens des autres ethnies vivaient parfois des situations humiliantes. Certains regards pleins de condescendance me rendaient perplexe. Pensionnaire durant le secondaire, j'ai été témoin de méchanceté volontaire envers certaines jeunes filles orphelines. Elles n'avaient pas de parents pour les défendre, et je me souviens d'une religieuse qui profitait de son pouvoir de façon vraiment abusive. Oui, jeune enfant, je souffrais déjà beaucoup de ces injustices envers des êtres humains, je ne comprenais pas pourquoi... En fait, pour être franche, je ne comprends toujours pas !

L'injustice, je l'ai souvent perçue aussi chez les hétéros envers les gais. Des commentaires comme « maudite tapette ! », « ostie d'fif ! » sont encore trop fréquemment entendus lorsqu'un gars démontre de la crainte ou de la peur dans une situation donnée.

J'ai remarqué que tout ce qui est différent provoque souvent chez certaines personnes d'étranges comportements, allant même jusqu'à l'agessivité.

Écrire ce livre a été pour moi une immense joie, et ce, tout au long du processus de création. Je ne vous cacherai pas que les débuts de ce projet furent difficiles. J'ai essuyé plusieurs refus de participation à ce livre d'entretiens. Certaines personnes n'ont jamais répondu à mon invitation. À deux reprises, j'ai pensé abandonner mon projet. Et, en même temps, je croyais très fort à ce livre. Finalement, celui-ci est bel et bien là !

J'ai le sentiment que les propos de mes invités aideront des gens à mieux comprendre le milieu gai. Qui ne connaît pas un gai autour d'elle, de lui ? Ça peut être notre fils, notre frère, un ami, un collègue de travail, un voisin... Ce livre jette un regard éclairant sur ce qui semble au départ différent, mais, finalement, ne l'est peut-être pas vraiment.

Je suis émue, d'une part parce que je me sens privilégiée d'avoir été si bien acceptée dans le milieu gai, qui n'est pas le mien, et d'autre part d'avoir pu recueillir des réflexions, des commentaires dans le vif de nos échanges, avec autant de simplicité et de générosité.

Émue aussi, parce que tous les hommes avec qui j'ai partagé ces moments, tous sans exception, m'ont donné des petites perles durant les entrevues. Je souhaite que ce livre permette des ouvertures à des discussions, de prochains débats qui feront avancer les perceptions que certaines personnes, certaines institutions ont des gais dans notre société.

Ces hommes, Luc Boulanger, Philippe Dubuc, Alex Perron, Pierre Salducci et Zïlon, tous différents également dans leur personnalité propre, apportent une couleur unique aux confidences. Tous, que nous soyons gais ou hétéros, nous avons à apprendre de leurs témoignages. Mes invités me parlent de leur enfance, de leur adolescence, de leur vie adulte, de l'importance ou non de faire son *coming out,* de leur vie professionnelle, d'amour et d'amitié, du sida, d'homophobie, etc. Autant de sujets (et encore plus) qui éveilleront en nous une responsabilité commune.

À la fin de chaque entretien, j'ai demandé à mes invités de se prononcer sur un sujet de leur choix. C'est ce que j'appelle ma question ouverte. Cette partie est fort intéressante à cause de l'originalité des thèmes qu'ils ont bien voulu mettre de l'avant, par choix personnel.

Trois témoignages sous pseudonyme font également partie de ce livre. Je crois que ces ajouts qui touchent principalement la vie professionnelle donneront un éclairage plus juste de ce que vivent plusieurs gais dans leur milieu de travail. Pourquoi des gais ont-ils accepté de me révéler certaines choses de leur vie privée, mais uniquement de façon anonyme ? Vous apprendrez, en lisant ces propos, que bien des injustices sociales sont au cœur de ce choix silencieux.

Je viens de vivre une expérience qui m'a profondément marquée. Grâce à ces rencontres, j'ai découvert un univers émouvant, souvent bouleversant. Ce qui ressort le plus de ces entretiens, c'est justement cette volonté qu'ont les gais de vouloir témoigner de ce besoin légitime d'être aimés et respectés avec leur différence. Comme tous les humains vivant sur cette Terre ! Et aussi, de pouvoir dire aux jeunes gais qu'il est possible de vivre son homosexualité dans la joie, le bonheur et la dignité.

MIREILLE BERTRAND

« Nous avons à nous acharner à devenir homosexuels et non pas à nous obstiner à reconnaître que nous le sommes. »

MICHEL FOUCAULT

[L u c   B o u l a n g e r]

« J'avais des papillons dans l'estomac et, tout de suite, j'ai eu comme une espèce d'éveil de désir ou quelque chose du genre... Tu te sens attiré par l'image de ces corps nus... mais tu ressens aussi de la culpabilité, parce que c'est comme si tu te disais : ‹ Faut pas que je me fasse prendre ! › »

Quelques mots sur la vie professionnelle
de Luc Boulanger

Journaliste chevronné, Luc Boulanger a investi, depuis une ving-
taine d'années, plusieurs lieux d'information générale et spécialisée.
Il a été, entre autres, secrétaire de rédaction et critique de théâtre
à *Voir Montréal*, chef de pupitre Arts et spectacles pour la même
publication ainsi que pour *Voir Québec* et *Voir Gatineau*. Depuis
2003, il est rédacteur en chef de *Via Destinations* du groupe Gesca/
La Presse. Il a également collaboré comme rédacteur à plusieurs
journaux et magazines dont *L'actualité, La Presse, The Gazette, Le
Devoir, Elle-Québec, Clin d'œil, Châtelaine* et les *Cahiers de théâtre
Jeu.* Il a aussi participé à de très nombreuses émissions sociocultu-
relles et à des magazines de variétés télévisuels ou radiophoniques.
En tant qu'auteur, il a publié *Pièces à conviction : entretiens avec
Michel Tremblay,* aux éditions Leméac.

Entretien avec Luc Boulanger

— **Bonjour, Luc. Tout d'abord, j'aimerais savoir si tu as hésité à participer à ce livre d'entretiens.**

— Non. Pas du tout. J'étais curieux de savoir comment le projet avait été pensé, structuré. Je connaissais les ouvrages *Paroles d'hommes* et *Paroles de femmes,* et j'avais déjà lu le livre de Mathias Brunet. C'est sûr que je n'aurais peut-être pas dit oui dans la rue, comme ça, à une personne inconnue. Mais sur le fond, sur l'idée de participer à un livre sur le milieu gai, non, je n'ai eu aucune hésitation.

— **Comment as-tu découvert que tu étais attiré par des personnes du même sexe que toi ?**

— Je pense qu'on naît homosexuel, c'est ma théorie. Il y a certaines personnes qui l'acceptent plus tôt. D'autres qui luttent contre ça... Dans mon cas, ça remonte à l'enfance. Et pour en avoir parlé avec d'autres hommes gais, je sais que cette constatation est assez homogène. Adulte, on a souvent des *flashbacks* où l'on se dit : « Ah oui ! Je me rappelle un fait très précis. » Je devais avoir six ou sept ans... J'avais congé d'école, et j'avais accompagné mon père à son travail. À l'époque, il était représentant syndical pour l'Union des produits chimiques.

Il devait rencontrer le patron d'une usine en dehors de Montréal, probablement à cause d'un conflit avec les travailleurs. Il allait discuter de tout ça. Tu sais, quand tu es jeune, que tu pars en voiture avec ton père, en dehors de la ville, que tu visites une usine, c'est un grand moment. Je m'en souviens très bien ! Pendant que mon père discutait dans le bureau du directeur, moi, je me promenais seul dans cette grande usine de produits chimiques, au hasard, et je suis arrivé dans les vestiaires des employés... Je voyais de la lumière et j'entendais du bruit... que j'ai finalement reconnu comme un bruit d'eau. Je me souviens des casiers aussi. J'y suis allé et j'ai vu une dizaine d'ouvriers, qui avaient fini leur quart de travail, en train de prendre leur douche. Je me rappelle que, caché derrière les casiers, je les ai regardés de loin. Je voyais leurs corps ruisselants, musclés, en train de se laver... c'étaient des VRAIS gars, tu sais, des gars de *shop* (rires) qui prenaient leur douche et je me sentais vraiment troublé. J'avais des papillons dans l'estomac et, tout de suite, j'ai eu comme une espèce d'éveil de désir ou de quelque chose du genre... Tu te sens attiré par l'image de ces corps nus... mais tu ressens aussi de la culpabilité, parce que c'est comme si tu te disais : « Faut pas que je me fasse prendre ! »

— Tu t'es senti différent à ce moment-là, marginal ?

— Inconsciemment, j'avais peur que, si on me prenait sur le fait, en train d'observer ces hommes-là prendre leur douche, mon homosexualité transparaisse. C'est comme si on pouvait découvrir ce que je voulais garder caché au fond de moi !

— Tu as senti de la culpabilité, si jeune ?

— Oui, parce que tu découvres quelque chose à l'intérieur de toi. Tu sais qu'il faut que tu te caches parce que ce n'est pas « normal ». Ensuite, je suis parti, j'ai changé d'étage, j'ai couru rejoindre mon père et je ne lui en ai jamais parlé. C'est resté un souvenir. Plus tard, dans l'enfance, il y a eu d'autres occasions, pas aussi marquantes... À l'adolescence, les jeunes achètent parfois des magazines, des *Playboy*, des *Penthouse*, et moi, j'aimais mieux regarder le *Playgirl*! Mais je ne le disais pas... Tu vois, c'est quelque chose qui était en moi, immanent.

— Tu as gardé ce secret pour toi encore un certain temps, mais à un moment donné, tu t'es confié, tu en as parlé?

— J'ai fait mon *coming out,* comme on dit.

— Ça s'est passé comment?

Je l'ai fait assez tôt, à seize ans. J'avais commencé à en parler à quelques-uns de mes amis proches à l'école, à qui je pouvais faire confiance. J'étais assez mûr. J'aurais sans doute préféré le dire plus tard, vers vingt ans, mais un incident a accéléré les choses : mes parents l'ont su de quelqu'un d'autre... Je me souviens que je devais le dire. Mais, de toute façon, je n'aurais pas pu garder ça longtemps secret; ou mener une double vie comme certains font, en se mariant et en ayant des enfants. C'était trop important pour que je pense pouvoir garder ça caché.

— Tu avais le goût de te sentir bien avec le fait d'être gai, et cela en toute liberté?

— Oui. Il fallait que je l'exprime. Sauf que, lorsque tu es jeune, tu *deales* peut-être mal avec ce genre d'émotion et ça peut sortir tout croche.

— Tes confidents à l'adolescence étaient-ils gais?

— Non. Plus jeune, je n'avais pas d'amis gais. Plus tard, j'ai appris qu'un gars de la gang était gai, mais on n'était déjà plus à l'école secondaire. Donc, en quatrième et cinquième secondaire, quand j'ai commencé à vivre mon homosexualité, un peu clandestinement, je n'avais pas d'amis gais autour de moi. J'en ai donc parlé à des gens, tous hétérosexuels.

— Raconte-moi comment ça s'est passé.

— La première personne à qui je me suis confié, c'était une amie, dans un party étudiant. Sa réaction a été très bonne, très humaine. Je me rappelle que j'ai beaucoup pleuré et qu'elle a passé la soirée à me consoler... Je lui ai certainement gâché son party !

Par la suite, j'ai été au cégep, je me suis fait d'autres amis, dont des gais. C'est là, autour de dix-huit ans, que j'ai vraiment commencé à vivre mon homosexualité au grand jour, à sortir dans les bars. J'allais au centre-ville, rue Stanley ; à l'époque, le Village gai n'existait pas.

— Tes parents ont-ils bien accueilli ton homosexualité ?

— J'ai la chance d'avoir des parents très ouverts, très libéraux dans le sens social du terme. Malgré ça, quand tu fais ton *coming out* à seize ans, ça reste quelque chose de problématique, de difficile. C'est qu'il y a beaucoup d'ignorance et tu as peur de décevoir tes parents. Tu te sens coupable parce que tu sais qu'ils vont probablement se demander – à tort – ce qu'ils ont fait de pas correct... Si c'est à cause d'eux que leur fils est gai, etc. Il y a aussi la question de la filiation. En disant que tu es gai, tu annonces du même coup à tes parents qu'ils n'auront jamais de petit-fils. C'est la fin d'une lignée. La journée où j'ai annoncé mon homosexualité à mon père, c'était un bel après-midi de printemps et nous étions assis sur un banc dans le parc en face de notre maison. Et j'ai pleuré beaucoup, beaucoup, beaucoup. Car j'avais l'impression que j'abandonnais mon père... Ou, ce qui est pire, que je le trahissais.

— As-tu des frères, des sœurs?

— Un frère et une sœur plus vieux que moi. Tous les deux hétérosexuels et sans enfants. D'ailleurs, sur le plan des petits-enfants, l'affaire est classée. Et ce n'est pas seulement à cause de mon homosexualité. On me dira qu'il y a de plus en plus de couples gais qui adoptent des enfants. Mais à l'époque où j'ai fait mon *coming out* – c'était tout de même en 1979 –, on n'en était pas encore à parler de mariages gais, encore moins d'adoption. L'homosexualité était un mode de vie vraiment marginal...

— Et un monde inconnu pour la génération de tes parents?

Tu sais, je comprends pourquoi il y a énormément de personnes qui refusent de faire leur *coming out,* encore en 2006. Il y a des gais qui vivent avec leur *chum* et qui s'assument parfaitement; or, dans leur famille, ils ne peuvent pas ou ne veulent pas en parler. C'est évident que leurs parents le savent – à un moment donné, quand tu as quarante ou cinquante ans et que tu n'as jamais emmené de blonde à la maison, les parents se doutent de quelque chose... Mais ils préfèrent éviter le sujet. C'est pour ça que je me considère comme privilégié : mes parents connaissent les parents de mon *chum*; on organise des soupers ensemble. La famille, c'est une maudite grosse partie de ta vie; ton côté émotif, affectif. Alors, comment peux-tu être dans le non-dit avec tes parents par rapport à quelque chose d'aussi important?

— Donc, tu n'as jamais senti que tes parents n'acceptaient pas ton homosexualité?

— Non, c'est réglé depuis longtemps. Aujourd'hui, je vis avec mon *chum*, Mathieu, depuis près de cinq ans. Et mes parents l'aiment autant que leur propre fils. Une fois, je me rappelle, j'avais peut-être trente ans, je leur ai dit : « D'accord, vous l'acceptez, vous êtes compréhensifs. Vous m'aimez parce que je suis un de vos fils. Mais si, par exemple, je prenais une pilule permettant de devenir hétérosexuel du jour au lendemain, vous seriez soulagés, n'est-ce pas ? » Et tu sais quoi ? Ils m'ont tous les deux répondu : « Non, nous t'aimons comme tu es, Luc. »

— Tu as sûrement vécu un très grand soulagement !

— Oui, c'est une belle preuve d'amour. Mais je n'avais jamais craint leur réaction. Je savais que mon père aurait de la peine, mais je n'avais pas peur de lui. Mon père n'est pas quelqu'un de colérique ou de macho – il est très sensible. Or il y a des gais qui ont peur que leur père devienne violent en apprenant leur homosexualité !

— Crois-tu que tes parents ont voulu cacher ton homosexualité à certaines personnes autour d'eux ?

— Mes grands-parents du côté de ma mère – les autres sont décédés quand j'étais enfant – ne l'ont jamais su. Mes parents ne voulaient pas le leur dire et je comprenais leur décision. Mes grands-parents sont nés à la fin du XIXe siècle ; c'est une autre mentalité. Ma grand-mère était très pieuse. Elle allait à la messe tous les matins de la semaine ! Mes tantes, mes oncles le savent ; mes cousins, cousines aussi. Ils ont rencontré mon *chum*... Ça m'a pris du temps avant d'avoir un *chum* assez longtemps pour pouvoir le présenter à la famille élargie. Tu sais, quand ça fait seulement quatre ou cinq mois que tu es avec un gars, tu ne l'emmènes pas dans ta famille à Noël !

— Comment vis-tu l'amour, l'amitié, au quotidien ?

— Pour moi, l'amour, c'est un absolu, c'est un sentiment qui nous apaise et qui nous fait grandir en même temps... C'est un objectif. C'est une quête. L'amour n'est jamais final : c'est un *work in progress*. Aimer autour de soi aussi. L'amour de la famille, l'amour des amis... Longtemps, j'ai cru que j'étais un bon ami mais un piètre amoureux. Je n'arrivais pas à avoir de vie amoureuse ou de vie de couple. Je ne pouvais pas me faire confiance. Et cela n'a rien à voir avec mon homosexualité ; c'est plutôt relié à des blessures d'enfance. J'ai dû travailler sur moi-même, comme on dit ! Avant Mathieu, j'ai eu quelques *chums*, mais des relations éphémères... Avec Mathieu, ça ressemble au grand amour. Cet homme me rend meilleur et, parfois, il me comprend mieux que moi-même ! Je l'ai rencontré à trente neuf ans... c'est dire que j'en ai mis du temps avant de rencontrer la perle rare !

— Et l'amitié, c'est quoi pour toi ?

— Je crois que le fait d'avoir longtemps été un piètre amoureux m'a permis de donner plus de temps à mes amis. C'est certain que lorsqu'un *chum* arrive dans ta vie, tes amis sont encore là, mais il y a un équilibre qui s'installe. Tu ne vis plus uniquement pour tes amis, parce que tu as quelqu'un dans ta vie.

Et ça m'amène à te dire que souvent, chez les hommes gais, il y a une confusion entre l'amour et l'amitié. En amitié, je pense que les femmes hétéros font plus attention : elles se protègent davantage avec les hommes. Elles savent qu'il y a toujours l'élément du désir, l'attirance sexuelle est là. Les femmes ont leurs *chums* de filles et leur *chum*. Des amis de gars *straight*, elles peuvent en avoir, mais c'est plus rare !

— Des ex ! (Rires)

— Oui, ou des amis gais. Mais quand un gars *straight* se lie d'amitié avec une femme, si elle a un *chum*... c'est souvent plus confus; alors elle se protège. Tandis que nous, les gais, ça nous dérange moins d'avoir un ami qui nous attire, même si c'est à sens unique !

Moi, j'ai vécu beaucoup d'amitiés amoureuses, tu sais, des amitiés particulières. C'était plutôt malsain car, souvent, ce n'était pas réciproque ou bien c'était ambigu. J'ai rencontré beaucoup de gars gais qui ont vécu la même chose. Ils avaient avec un autre homme une amitié qu'ils confondaient avec de l'amour. Alors, ils n'avaient pas de place pour un *chum*, leur amitié prenait toute la place. Tandis que les gars *straight* entretiennent des amitiés masculines et viriles. Ils vont jouer au hockey, font plein de trucs ensemble. Lorsqu'on est gai, on vit ça aussi – mais, en même temps, on vit l'attirance sexuelle... C'est comme si une autre couche se superposait à l'amitié masculine générale, quelque chose de très fort, de très liant, le terme qui me vient pour l'expliquer est une amitié amoureuse ! Il faut juste en être conscient. Faire attention, mettre les choses au clair.

— L'ambiguïté, justement, n'est-elle pas là pour freiner un engagement possible dans le couple ?

— Oui, sûrement. Un couple gai – et je parle des gars car avec les couples de femmes, c'est autre chose – doit avoir la couenne solide pour durer. D'abord, il n'a pas d'enfant; ensuite il est sollicité de partout (bars de rencontres, saunas, clubs de danseurs, escortes, lieux publics pour draguer...). Et tout ça re-groupé dans un quartier qui fait à peine dix rues ! Finalement – et là je sais que je généralise –, la sexualité entre gars peut être plus facile, anonyme et expéditive.

— As-tu des amitiés féminines ?

— Oui. J'ai de très bonnes amies, depuis toujours. Et elles sont hétérosexuelles... Et elles sont souvent des confidentes. Par contre, je réalise qu'en vieillissant, elles deviennent des mères, elles ont des enfants et cette situation crée un peu de distance. Curieusement, je connais peu de lesbiennes.

— J'ai entendu dire que les gais et les lesbiennes ne se fréquentent pas beaucoup...

— Effectivement. Ce sont deux réalités différentes. Les deux solitudes du milieu gai…

— J'aurais pourtant pensé le contraire. Il y a quand même des similitudes, non ?

— Certes, mais ce sont vraiment deux réalités distinctes. D'ailleurs, voilà vingt, vingt-cinq ans, les bars gais se divisaient en deux : pour femmes et pour hommes seulement. Aujourd'hui, les bars sont mixtes... Dieu merci ! Je me souviens d'avoir déjà travaillé dans un restaurant où les propriétaires étaient lesbiennes. Mais ma relation avec elles a cessé quand j'ai démissionné. Souvent, les lesbiennes n'ont pas le même mode de vie que les gais. Elles sortent moins et sont moins omniprésentes dans le Village. Les hommes ont généralement plus d'argent – même si l'argent rose, c'est un cliché, car il y a des gais qui sont très pauvres. Il y a énormément d'homosexuels qui dépendent de l'aide sociale. Mais ça, on n'en parle pas dans les médias...

— Crois-tu que les enfants dans le milieu gai, c'est surtout une histoire de femmes ?

— Je dirais que c'est plus facile pour elles. Après tout, ce sont les femmes qui portent les bébés.

— Mais ça n'exclut pas le fait que des gais puissent très bien être pères ?

Bien sûr. J'en connais aussi. Reste que c'est plus compliqué pour deux hommes que pour deux femmes d'élever un enfant. Mais ce n'est pas ma réalité.

— Les gens qui travaillent avec toi savent-ils que tu es gai ?

— Tout le monde le sait. Ou presque...

— Ce fut toujours le cas ?

— Oui, même quand je faisais du journalisme étudiant à l'UQAM. Certains diront que c'est plus facile pour moi, parce que je suis dans le milieu de la culture et des communications. Mais même avant d'être journaliste, je ne me suis jamais caché. Ma théorie a toujours été : « Je ne le crie pas sur les toits, je ne le dis pas à tout le monde, mais je ne le cache pas. » C'est la même chose pour les hétérosexuels ! Inévitablement, tu vas luncher un jour avec un collègue, et il te parlera de sa blonde ou il aura le réflexe de te raconter sa fin de semaine ; s'il a une famille, une femme, des enfants, ça va venir sur la table, tôt ou tard... Pour moi, c'est la même chose. Je ne vois pas pourquoi je cacherais ça à des gens avec qui je travaille.

— Le fait que tu sois journaliste implique-t-il pour toi une plus grande responsabilité envers le milieu gai ?

— Quand j'étais au journal *Voir*, j'ai écrit à plusieurs reprises sur le sujet. J'ai donné mon opinion, j'ai pris position dans des chroniques, j'ai fait des entrevues, etc. Au tout début du défilé de la Fierté gaie, mon ami Richard Martineau, qui était alors rédacteur en chef, m'avait dit : « Ah ! Luc, c'est important, tu devrais faire quelque chose là-dessus. » Alors on a décidé de publier des cahiers spéciaux sur la Fierté gaie dans *Voir*, et c'est à moi qu'il en a confié la direction. C'était très important pour moi car, comme journaliste, je trouvais la couverture médiatique de l'homosexualité nettement insuffisante, voire biaisée. Dans les années 1980, quand un journaliste écrivait sur les gais, le ton était méprisant ou amusant... Le premier journaliste *straight* à faire un reportage honnête, humain et juste sur l'homosexualité au Québec a été Pierre Foglia, dans *La Presse,* il y a vingt-cinq ans. Pour bien des homosexuels, ces articles de Foglia représentaient une délivrance : on parlait de NOUS dans le journal. Sans préjugés. Avec respect.

— As-tu déjà senti de l'intolérance ou du rejet dans ton milieu de travail?

— Non, pas ouvertement du moins ! Lorsque j'étais au journal *Voir,* à l'intérieur d'un milieu «ouvert», je n'ai jamais rien senti. Par contre, à un moment donné, j'ai entendu dire que deux ou trois collègues – pas à la rédaction – faisaient des *jokes* homophobes... Mais ils ne l'ont jamais fait devant moi. Peut-être aussi qu'ils n'osaient pas m'affronter sur ce plan ! Un des gars qui faisait ces *jokes*-là, je l'ai revu beaucoup plus tard, dans un endroit gai en train de draguer un homme ! Alors le cliché de l'homophobe qui est un homosexuel non assumé, c'est parfois vrai. C'est aussi une question d'attitude. Si tu n'en fais pas un plat, si pour toi ce n'est pas quelque chose de honteux, d'anormal, mais, qu'au contraire c'est naturel et beau, les gens vont plus facilement t'accepter. Malheureusement, encore aujourd'hui, en 2006, la majorité des gais taisent leur orientation sexuelle au travail. Ce n'est pas un sondage scientifique, mais si je regarde autour de moi, la grande majorité des gais préfèrent éviter le sujet au travail. Ou mentir.

— Et pourquoi? De quoi ont-ils peur?

— Il y a toutes sortes de raisons ! Certains diront qu'ils sont avocats travaillant pour de grosses firmes et qu'ils ont peur de perdre des clients. Il y a beaucoup de gais aussi dans le milieu de l'éducation – directeurs d'école, professeurs, orthopédagogues – qui craignent la réaction des parents des élèves ! Alors, les profs ne le disent pas. Je peux comprendre aussi. Comment tu *deales* avec des jeunes adolescents qui ont peur de la différence et qui sont pleins de préjugés ?

Pour ma part, si je suis capable d'avoir une bonne conversation pendant une heure avec quelqu'un, je devrais pouvoir lui dire que j'ai un *chum*. C'est juste normal. Il y a un truc pour savoir si quelqu'un est gai au travail : le lundi matin au bureau, si tu demandes à une personne « Qu'est-ce que t'as fait de ton week-end ? », et qu'elle te donne toujours des réponses vagues, évasives, expéditives, il y a de bonnes chances que cette personne-là soit gaie ! J'ai déjà connu un danseur des Grands Ballets canadiens qui cachait son homosexualité au travail par peur de la réaction des autres danseurs de la troupe ! Un... danseur de ballet ! À l'inverse, j'ai connu un policier de la SQ qui était déjà allé dans un party de bureau accompagné de son *chum*.

— Comment reconnaître si une personne est gaie ? Y a-t-il des signes extérieurs qui nous l'indiquent ?

— Grâce à notre *gaydar*. (Rires)

— Ah ! Par analogie avec le mot radar ?

— Oui. Avec l'évolution des mœurs et des modes, les signes extérieurs sont de moins en moins efficaces pour reconnaître un gai. Il y en avait peut-être plus avant qu'aujourd'hui. Le signe le plus évident, c'est si quelqu'un te drague ou semble intéressé. Tandis qu'un gars *straight,* il manifeste de l'indifférence face à tes avances ou à un regard... C'est ça, le *gaydar* !

Aujourd'hui, du moins dans les grandes villes comme Montréal et Toronto, et surtout avec le phénomène des *métrosexuels* et des *übersexuels* – ces gars hétérosexuels qui font attention à eux, qui vont au gym, qui s'épilent, qui ont des petites boucles d'oreilles, qui se mettent des petites crèmes, qui aiment aller dans les spas – la frontière entre un gars gai et un gars *straight* est de moins en moins évidente, surtout dans les grandes villes. La mode favorise le côté féminin de l'homme. Dans les années 1970, en découvrant son homosexualité, un gars se sentait presque obligé d'être différent des autres gars parce que sinon il n'était pas accepté dans les milieux machos. Tandis qu'aujourd'hui, comme c'est plus «normal», plus accepté dans la société, si t'es garagiste ou policier, et que t'es gai, tu t'en fous! Tu ne remettras pas en question ta vocation. Si tu travailles dans la construction, tu risques d'être plus discret sur ta vie privée, mais tu ne changeras pas de plan de carrière... À l'inverse aussi. Prends le patineur artistique David Pelletier... Il se faisait écœurer quand il était plus jeune parce qu'il faisait du patin... maintenant, il est devenu un modèle hétérosexuel et son couple, avec Jamie Salé, fait la une des magazines! Donc, c'est moins compartimenté qu'avant, je pense. Et c'est une bonne chose parce qu'il y a des hommes hétérosexuels qui sont très sensibles, très féminins, qui aiment la coiffure, la mode, le design, etc. À l'opposé, il y a des gais qui ne jurent que par la mécanique automobile ou les sports extrêmes!

— Il y a un mot que tu viens d'utiliser et qui m'a fait un peu sursauter...

— Lequel?

— Normal.

— Ah, j'ai mis des guillemets aussi!

— Pour moi, ce n'est pas une question d'être normal ou anormal, c'est plutôt une question d'être différent.

Rien de ce qui est humain ne m'est étranger, a dit un philosophe. Et moi, je crois que tout ce qui est dans la nature fait partie de la normalité. Je disais plus « normal », entre guillemets, dans le sens de plus « accepté ». Dans les années 1970-1980, il n'y avait pas de modèles, sinon celui de la grande folle. Aujourd'hui, au Québec, André Boisclair, Claude Charron, Dany Turcotte, Philippe Dubuc sont des *role models*. Toutefois, la partie n'est pas gagnée ; il y a encore beaucoup de préjugés. Par contre, je pense qu'aujourd'hui, c'est moins évident de faire la différence entre un gars gai et un gars *straight*, à moins d'être dans l'intimité totale.

— Quels sont les avantages pour un gai de faire son *coming out* ?

— D'abord, selon moi, le *coming out* demeure un choix personnel. Je l'ai fait à seize ans, je ne me suis jamais caché depuis, je suis totalement bien avec ça. Mais je comprends qu'il y a encore beaucoup de gais qui ne veulent pas en parler. Tu peux en témoigner parce que tu as eu à essuyer plusieurs refus relativement à ce livre d'entretiens. Ce n'est pas évident de trouver des gens prêts à s'ouvrir, dans un livre ou même dans un article de journal. À *Voir*, j'ai déjà tenté d'interviewer cinquante artistes pour la Fierté gaie, et j'ai essuyé quarante-huit refus ! Toutefois, si je reviens à ta question, je trouve que c'est un choix personnel. Je suis contre le *outing*, jamais je n'irais forcer quelqu'un à le dire. Bien que, parfois, je trouve que ces gens-là pourraient faire un effort pour aider d'autres gens. Surtout quand tu es une personnalité publique. Moi, je ne suis pas connu et les gens doivent s'en foutre. Mais si un joueur de hockey vedette dit publiquement qu'il est homosexuel, je suis certain que ça va aider bien des jeunes.

Tiens, ce matin, j'ai pris l'autobus pour me rendre à l'entrevue et j'ai croisé des étudiants du secondaire qui se traitaient

constamment d'«ostie de fif», de «maudite tapette»...
Encore aujourd'hui, pour des ados, dans une polyvalente,
l'insulte suprême, c'est de se faire traiter de *fif* ou de *tapette*.
Comment alors un jeune homosexuel, qui évolue dans cet
environnement-là, peut-il s'épanouir? Comment peut-il se
bâtir une bonne estime de soi?

— D'après toi, comment peut-on faire avancer les choses?

— Les mentalités, ça prend du temps à changer, et c'est d'une
génération à l'autre que ça peut évoluer. Tant que les gais n'ac-
cepteront pas d'en parler pour des raisons qui sont peut-être
légitimes, mais qui m'apparaissent souvent comme un manque
de courage, nous n'avancerons pas. C'est quoi, dire vraiment
qui on est? Les gens n'en font pas tout un plat, tu sais! Ils ont
d'autres problèmes personnels, de famille, de couple, de santé.
Qu'est-ce que ça peut bien changer dans leur vie que tel animateur de *talk-show* soit homosexuel? Il me semble qu'il y a
des choses bien plus importantes dans le monde! Je ne veux
pas juger, mais ça vient me toucher, surtout lorsque j'entends
des jeunes de treize ou quatorze ans se traiter de «maudite
tapette» en public; je voudrais juste intervenir et leur crier:
«Heille! Ça suffit!» Malheureusement, la société contribue
encore à rendre ça acceptable. Il faudrait que certains mettent
leurs culottes! J'aimerais aussi ajouter ceci: les gens que tu as
invités et qui ont refusé de participer à ce livre, s'ils n'avaient
pas eu à affronter ces railleries-là quand ils étaient jeunes, s'ils
n'avaient pas eu à se cacher des autres, s'ils n'avaient pas eu à
vivre dans la peur ou la honte d'être découverts, de perdre des
contrats à la télé ou ailleurs, de se faire humilier par des proches ou par le public, si ces personnalités n'avaient pas peur de
tout perdre du jour au lendemain à cause de leur orientation
sexuelle, peut-être qu'elles auraient accepté plus facilement de
participer à ton livre!

Je me souviens d'un gars que j'avais rencontré dans un bar du Village. Il venait d'être embauché dans un média. Il est venu me voir à l'improviste un beau matin pour me demander d'aller luncher. Le midi, au restaurant, quand il me parlait, il tremblait, il parlait tout bas, et je sentais qu'il voulait me dire quelque chose de grave. Il m'a supplié de ne pas parler de son homosexualité à ses collègues, que je côtoyais. Alors je l'ai rassuré : « Je vais être discret, c'est correct. Fais-toi-z-en pas, c'est une affaire personnelle et ça te regarde. » Il avait tellement peur, je ne pouvais pas le forcer, je ne pouvais pas le juger non plus. Il était en début de carrière... Moi, j'ai quarante-deux ans, ma carrière est lancée... Mais lui, il commence sa vie professionnelle.

— C'est quand même triste.

— Oui, le voir trembler, me supplier, comme si j'avais le droit de vie ou de mort sur lui en dévoilant son secret, son orientation sexuelle, c'était troublant !

— Ce genre d'attitude est probablement enfouie dans la mémoire du corps et dans les gènes depuis des siècles et des siècles, non ?

— Oui, c'est sûr qu'on évolue, qu'on parle de plus en plus d'homosexualité à la télévision et ailleurs. Mais il reste des zones de résistance...

— Que penses-tu de la Fierté gaie, des fêtes gaies en général ?

— C'est bien. J'ai participé à la Fierté gaie, et j'ai souvent écrit sur le sujet. Je trouve que c'est important, mais il faut faire attention aussi aux côtés démonstratifs de ces fêtes-là !

— **Pourquoi ?**

— Le mot « fierté » cause problème à mon avis. Je comprends que cela veut dire « fier de ne plus avoir honte d'être gai, de pouvoir enfin le dire haut et fort sur la place publique ». Toutefois, c'est quelque chose de tellement complexe, de privé, la sexualité d'un individu. Et tu sais, il y a autant de façons d'être gai qu'il existe d'homosexuels ! Je trouve qu'il y a quelque chose d'un peu arrogant dans le fait de s'afficher fièrement sur un char allégorique comme si on était au Carnaval de Rio ! La sexualité devrait rester dans le domaine du privé. Les hétérosexuels ne refoulent pas non plus leur désir durant les fêtes publiques, comme les raves ou le Grand Prix. Le sexe est partout sur la place publique, fait grimper les cotes d'écoute et vendre des copies de magazines !

— **Crois-tu que ce serait bien d'ajouter une nouvelle dimension à ces fêtes gaies, comme des débats, des tables rondes, des discussions ?**

— Personnellement, je pense que c'est une question d'éducation... que tout part de là. Il faut commencer à en parler à l'école, il faut combattre les préjugés dès l'enfance. Toutes les communautés ethniques ont leurs journées, leurs rassemblements, leurs fêtes. Et c'est parfait. Il y a des festivals de films africains, juifs, créoles, maghrébins, autochtones... Et nous avons un Festival de cinéma gai ! Je trouve ça important que ça existe. Je dis seulement de faire attention.

— **Crois-tu qu'il faut veiller à ne pas ghettoïser le milieu gai ?**

— Absolument. Mais si ces événements-là n'existaient pas, où est-ce qu'on pourrait voir une cinématographie qui est un peu plus marginale, indépendante, qui n'a pas les moyens (ou le soutien) pour être diffusée dans les Cinéplex? Surtout qu'on vit dans un monde de globalisation où *bigger is better*. Si tu n'as pas deux millions de budget de publicité, si ton film n'est pas sur cent écrans, on n'en parle pas dans les médias et il n'est pas vu. Donc, c'est important qu'il y ait des organisations, des petits festivals qui permettent à ces films-là d'être vus. Mais il faut aussi avoir un mode de vie parallèle au Village, aux bars. Comme des équipes sportives, des activités sociales où des hommes gais peuvent se rencontrer ailleurs que dans une discothèque ou un rave.

Vois-tu, à mes yeux, la ghettoïsation de la communauté gaie représente un gros danger. Je ne souhaite pas que tout soit gai dans ma vie. Tu sais, j'ai l'impression que certaines personnes veulent manger uniquement dans des restaurants gais, aller voir leur dentiste gai, s'habiller dans des boutiques gaies, sortir dans des bars gais, lire des écrivains gais, etc. Minute, tu n'es pas juste une orientation sexuelle dans ta vie! Tu as une famille, des amis, des collègues de travail, des voisins, des connaissances qui sont hétérosexuels. Il faut s'ouvrir, prendre sa place dans la Cité, dans la vie sociale, communautaire et politique. Pour certains gais, c'est «hors du Village, point de salut». C'est dommage.

— La peur de la différence... Cette attitude ne me paraît pas saine... Alors, comment l'éviter?

— Je pense qu'en étant gai, tu t'ouvres plus à la réalité hétérosexuelle que l'inverse. C'est normal parce qu'on est une minorité habituée aux comportements de la majorité. J'aime bien regarder *Desperate Housewives,* qui raconte les histoires d'amour et de famille de cinq femmes vivant en banlieue. Ou encore *The Sopranos,* qui raconte la vie d'une famille de la pègre dans le New Jersey. Pour moi, c'est de la bonne télévision. Toutefois, est-ce qu'un homme hétérosexuel va suivre

Queer as folk? J'en doute... ils vont généralement se refermer en disant : « J'vais pas regarder des histoires de *tapettes*! » Et ils vont zapper. Tandis que moi, pour me divertir, j'aime autant *Les Boys* que *Cover Girl*!

— On sait que les premiers Jeux gais ont eu lieu à San Francisco en 1982. D'après toi, pourquoi les gais désirent-ils se distinguer en dehors des Jeux olympiques « réguliers » ?

— Je pense qu'on ne ferait pas un festival de théâtre gai ou un festival de coiffure gai! Je crois que s'ils ont choisi le milieu sportif, olympique de surcroît, c'est parce que c'est un milieu où, généralement, un athlète homosexuel va vouloir se cacher. D'ailleurs, tous les athlètes – soit Greg Louganis, Mark Tewksbury pour ne nommer que ceux-là – qui ont fait leur *coming out,* l'ont toujours fait après, une fois que leur carrière était terminée. Ça prouve que ce n'est pas évident.

C'est un milieu assez « hostile » aux athlètes gais et ceux-ci désirent montrer que tu peux être homosexuel et exceller dans le sport. C'est aussi une occasion de faire une fête, de célébrer.

— La ville de Montréal vient d'être nommée Destination gaie par excellence. D'ailleurs, la tenue des Outgames 2006 le prouve. Ce titre est-il important pour le milieu gai ?

— Absolument. À Tourisme Montréal, il y a des gens qui travaillent à promouvoir tout ça, à organiser des campagnes de publicité, de marketing, etc., pour attirer le tourisme rose. Montréal est reconnue partout dans le monde comme une ville où le milieu gai est bien vivant!

— Comment trouves-tu l'expression « tourisme rose » ?

Ça définit bien le tourisme gai, qui est devenu une grosse industrie. Sans tomber dans le piège de la ghettoïsation, lorsque tu voyages avec ton *chum*, ce n'est pas toujours évident de ne pas te faire remarquer, voire rejeter. Si tu vas dans des endroits qui ne sont pas *Gay friendly* – donc presque tous les pays en dehors de l'Europe et de l'Amérique du Nord –, tu dois être vigilant. Même aux États-Unis, au Texas ou en Virginie, par exemple, je ne suis pas sûr que deux hommes qui, près d'une piscine, se massent le corps avec de la crème solaire en sirotant des daïquiris aux fraises soient accueillis à bras ouverts... Alors, ces guides gais, ces agences de voyages gaies sont très importantes pour orienter cette clientèle vers des *bed & breakfast* ou des hôtels tolérants.

— C'est sûrement la façon la plus simple de voyager.

— Sans te faire juger, jauger ou tabasser... On appelle ça des vacances, après tout !

— On m'a déjà parlé de Cape Cod comme étant un lieu de vacances que les gais privilégient. C'est vrai ?

— Cape Cod, je ne connais pas... Mais je connais bien Key West. Dans les années 1980, c'était très gai. Depuis quelques années, il y a de plus en plus de tourisme hétérosexuel, de gros bateaux de croisière qui accostent pour une journée avec des milliers de passagers. Et c'est rendu très cher. Les jeunes gais, et même les jeunes hétéros, ne vont plus là parce que les hôtels, les restaurants, tout est rendu dispendieux. De plus, il semblerait qu'il y a du *fag bashing*. Il y a un gars qui s'est fait attaquer devant un bar gai, dans la rue Duval, qui est la rue principale. Ça, c'était quelque chose d'inimaginable, il y a dix ans, à Key West ! C'est comme si un gai se faisait attaquer dans le Village, devant le Sky Pub, à Montréal ! Ça n'a aucun bon sens ! Donc, je comprends pourquoi les gais consultent des agences de voyages spécialisées.

— Il y a beaucoup d'Américains gais qui viennent à Montréal parce qu'ils s'y sentent bien, n'est-ce pas ?

— En effet. Ils n'ont pas le sentiment d'être jugés, ils savent que c'est une ville tolérante, ouverte. Et on doit en être fiers, ça prouve que la société québécoise a de bonnes valeurs.

—Est-ce utopique de penser que les associations gaies (Chambre de commerce gaie, Union des écrivains gais, etc.) pourraient un jour sensibiliser le milieu hétéro ?

— C'est justement ce que je souhaite. Je crois qu'il faut ouvrir ces associations-là aux hétérosexuels. Créer des ponts entre les gais et les hétéros, pour qu'ils s'acceptent et se comprennent mieux. Bon, il y a encore beaucoup de travail à faire, mais oui, j'y crois. L'entraide entre les chambres de commerce hétéros et gaies, ce serait formidable !

— Ça se fait déjà ?

— Pas assez à mon goût. La communauté gaie demeure trop ghettoïsée. Il y a trop de militants qui se renferment dans leur bulle, jouent aux éternelles victimes... Pour moi, des personnalités comme les politiciens Réal Ménard et André Boisclair ou encore le docteur Réjean Thomas – tous les trois ouvertement gais mais qui travaillent avec des hétérosexuels – font plus avancer la cause homosexuelle que des militants purs et durs. Ces personnalités travaillent conjointement avec des hétérosexuels de tous les horizons pour faire évoluer les mentalités, faire avancer la société. Ils ne jouent pas aux victimes de l'intolérance hétérosexuelle. Ils prêchent par l'excellence.

— C'est se donner plus de pouvoir aussi...

— Oui. Car pourquoi prêcher à des convertis ? Il faut s'ouvrir au monde !

— Je termine cette entrevue avec ma question ouverte. Comme je te l'avais mentionné, j'aimerais que tu nous entretiennes sur un sujet de ton choix.

— J'aimerais revenir sur l'homophobie. C'est important pour moi de faire réaliser aux jeunes que les gais sont pareils aux autres. Un gai ou une lesbienne, tu peux en avoir dans ta famille ou parmi tes amis, ça peut être ton voisin ou ta voisine, ça peut être un collègue de travail, le présentateur des nouvelles à la télé ou le chanteur que tu aimes tant écouter... À quelques reprises, j'ai eu des exemples de gens qui ont été victimes de commentaires homophobes. Ils étaient à un souper avec des collègues de travail, mais ils n'osaient rien dire, car personne ne savait qu'ils étaient gais. C'est dans ce genre de situation que tu te rends compte comme les gens ne voient pas la portée de leurs paroles.

Aujourd'hui, on fait plus attention aux propos sexistes et racistes. Ils sont moins acceptables. Mais pour les gais, c'est moins évident. D'une part, l'orientation n'est pas marquée sur le front, c'est plus difficile de savoir si quelqu'un est gai ou pas. Alors, on a l'impression de pouvoir faire des railleries et que ça ne dérangera personne. C'est comme si ça faisait moins mal. Je me rappelle, une fois, dans un débat sur l'humour, quelqu'un a dit : « On fait des *jokes* de blondes, pourquoi pas des *jokes* de *fifs* ? » Mais une blonde qui entend des humoristes faire une *joke* de blondes n'ira pas se passer la corde au cou. Et on sait bien que plusieurs de ces mêmes humoristes qui font ce genre de blagues rêvent de coucher avec une belle blonde aux gros seins ! Certes, tout le monde peut faire de l'humour sur les gais. Je serai le premier à rire si... c'est drôle ! Mais si je détecte du mépris, de la haine, de la violence dans une blague, je regrette, là, je ne trouve plus ça drôle. Comme disait Daniel Pinard il y a quelques années, cette différence-là, c'est quelque chose que tu traînes toute ta vie. C'est déjà pas évident de *dealer* avec toi-même et avec la société. Alors, inutile qu'on nous traite avec condescendance, mépris. D'ailleurs, les personnes homophobes ont peut-être un fils ou une fille qui, un jour, leur annoncera qu'il ou elle est gai(e)... On ne sait jamais... Après tout, même Dick Cheney, le très conservateur et religieux vice-président américain, a une fille lesbienne !

— Que faire pour que ça change ?

— L'éducation ! L'éducation ! L'éducation ! Tant à l'école que dans la famille et dans les médias. C'est la seule façon. Il faut prendre conscience collectivement des dommages causés par l'homophobie. Il faut arrêter de s'imaginer que les gais sont des obsédés qui pensent juste au sexe parce que la société a longtemps parlé d'eux en les associant uniquement à la sexualité clandestine et débridée. Il faut voir que, derrière l'orientation sexuelle, il y a des êtres humains qui sont à la fois uniques et semblables à tout le monde. Lorsque les gens vont se rendre compte que tout le monde est pareil sur la Terre, il y aura moins d'homophobie. On a tous les mêmes buts, les mêmes quêtes : on veut tous être épanouis, être heureux, être amoureux, etc. Car les sentiments humains, c'est universel.

— Merci beaucoup, Luc.

« Je suis devenu gai tout à coup ! »

CARY GRANT
dans *L'Impossible M. Bébé* (1938),
de Howard Hawks.

[Philippe Dubuc]

«Ce que je trouve dommage dans ces fêtes, c'est que les gais ont tellement voulu rendre ça accessible au commun des mortels qu'ils ont rendu leur parade plate. Moi, je trouve qu'il n'y a pas assez de *drag queens,* pas assez de clowns, pas assez de gars tout nus, pas assez de filles les seins à l'air, et pas assez de S & M. En fait, il n'y a pas assez de cirque ! »

Quelques mots sur la vie professionnelle de
Philippe Dubuc

Philippe Dubuc est un des créateurs de mode masculine et féminine les plus en vue au Canada. Depuis le lancement de sa griffe en 1993, Dubuc va au-delà des tendances en présentant des collections recherchées, résolument urbaines et sans compromis, où les plus fines matières européennes sont taillées dans un style à la fois innovateur et intemporel. Le milieu, les amis et la ville qui entourent le couturier assurent le renouvellement de son inspiration. Ses créations sont le reflet d'un Montréal effervescent, métropole de calibre international qui ne se contente pas de suivre les tendances, mais s'invente plutôt un style distinctif et singulier. Philippe Dubuc est cinq fois récipiendaire de la bourse de la Fondation Mode Matinée, décernée aux meilleurs créateurs canadiens. Il a également été deux fois couronné « Designer de l'année » au gala de la Griffe d'or.

Entretien avec Philippe Dubuc

— Dis-moi, Philippe, lorsque je t'ai approché pour faire cette entrevue, as-tu hésité ?

— La première hésitation que j'ai eue fut uniquement reliée à une question de temps : « Est-ce que ce projet m'interpelle, en vaut-il vraiment la peine ? » C'est la seule question que je me suis posée. Comme je suis souvent sollicité, j'attends de voir véritablement le projet, je lis la proposition pour savoir si ça m'intéresse, et si tout ça a du bon sens. J'ai trouvé ton projet intéressant, et j'ai aimé les livres *Paroles de femmes* et *Paroles d'hommes* que tu m'avais fait parvenir. Ces projets étaient sérieux et intéressants. Les témoignages des gens qui avaient participé à ces entretiens m'ont touché. Je trouve qu'il y a un caractère sociologique à ces livres-documents, c'est pourquoi j'ai accepté cette entrevue avec toi.

— Des gens m'ont demandé : « Mais pourquoi un livre d'entretiens avec des gais ? »

— Les gais s'autocritiquent énormément. C'est même parfois très paradoxal. Pour une raison évidente, les gais ont eu à s'affirmer, et doivent encore le faire... c'est un peu comme l'évolution de la libération féminine. Beaucoup de femmes sont antiféministes, mais en même temps, elles ne doivent pas oublier le travail qui a été fait auparavant. Il y a beaucoup de gais qui sont antigais, mais il ne faut pas qu'ils oublient qu'il y a eu un énorme travail de fait pour arriver où nous en sommes aujourd'hui. Lorsqu'on entend des propos antigais, que ce soit par des hétéros ou des gais, ça irrite beaucoup la communauté, et je peux comprendre aussi. Nous sommes en 2006, et ici, au Québec, au Canada, nous vivons dans une société extrêmement libérale. Personnellement, je ne me suis jamais senti attaqué, et être gai n'a jamais été un handicap. Jamais! Aujourd'hui, c'est plus facile de dire que ça ne m'a causé aucun ennui. Être gai fait qu'on ne vit pas le même type d'enfance et d'adolescence que les autres.

— Vers quel âge as-tu senti une attirance envers des personnes du même sexe que toi?

— On ne le réalise pas quand on a neuf, dix ou onze ans parce qu'on n'a pas encore découvert sa sexualité. Mais quelque chose se passe à l'intérieur de soi. J'ai eu une sexualité «normale», comme un adolescent «normal» avec des filles. J'ai été véritablement en amour avec des filles, j'ai eu des relations sexuelles comme on peut en avoir à quatorze ans, quinze ans, complètes jusqu'à un certain point. Il y a eu pénétration, mais quand on a quatorze ans, on ne sait pas ce que c'est, qu'on soit gai ou pas. J'ai eu des blondes, je les ai aimées, j'ai été attiré sexuellement par ces filles-là mais, inconsciemment, il y avait quelque chose qui se passait à l'intérieur de moi. Donc, pour répondre à ta question, moi, je pense que c'est à l'âge de neuf ans. Bien que ce ne fût pas très clair encore, dans ma tête d'enfant.

— Comment alors expliquer ces amours avec des filles à l'adolescence?

— Une influence sociale, je crois. Et de seize à dix-huit ans, j'ai eu une période asexuée, véritablement. Et durant ces deux années, je n'ai eu aucune relation sexuelle.

— C'était comme une transition ?

— Oui. Ça paraissait aussi dans mon attitude vestimentaire : je n'étais pas androgyne, mais pas loin. Quand on a neuf, dix, onze ans et qu'on atteint ensuite l'âge de l'adolescence, c'est tellement important de se faire accepter et de se référer à une gang. Et puis, les « gars-gars » m'intimidaient beaucoup quand j'étais jeune. Je jouais au hockey, je faisais de l'athlétisme, j'ai gagné beaucoup de compétitions ; j'avais tout le succès qu'un jeune garçon peut espérer avoir. J'étais un bon athlète, je gagnais des médailles, on me voulait toujours dans les équipes intercités parce que j'étais un patineur extrêmement rapide. J'ai côtoyé de très près les gars en jouant au hockey. J'ai commencé à l'âge de six ans et j'ai décroché à douze ans, parce que ça devenait trop macho. Tout le phénomène des gars machos, je n'ai jamais aimé ça. C'est peut-être une des raisons pour laquelle je me sentais différent.

Les gars qui ont eu *full* succès dans les années 1970... tu sais, celui qui a les cheveux parfaits, puis le *flip* des cheveux parfaits... Sans être jaloux de ces gars-là, je me disais : « Ah ! ils sont beaux. » Physiquement, il y avait des gars qui étaient déjà bien développés à l'âge de douze, treize et quatorze ans. Je ne suis pas sûr qu'un gars *straight* remarque ces choses-là. Moi, je le remarquais. Pourquoi ? Parce que, inconsciemment, je pense que je devais être attiré par les gars. Cela dit, je n'ai pas le souvenir d'avoir été attiré sexuellement par un gars dans un vestiaire de joueurs de hockey.

— C'est arrivé quand alors, l'attirance « sexuelle » envers un garçon ?

— J'ai commencé véritablement à m'en douter vers l'âge de quinze, seize ans. Donc on parle de quatrième, cinquième secondaire.

—Comment as-tu vécu ces premiers moments ?

— C'est difficile à dire. Je ne me sentais pas à l'aise avec des machos, et je ne me sentais pas bien avec des gangs de gars. Je me suis toujours considéré à part, un peu marginal. Je n'étais pas comme les autres, je m'habillais différemment aussi. J'ai été attiré vers les vêtements en bas âge, je me rappelle que je pouvais être assez coquet. Je n'ai jamais eu envie de m'habiller en fille, mais j'aimais vraiment beaucoup les vêtements !

Je suis arrivé à Montréal à dix-sept ans. La première expérience sexuelle que j'ai eue avec un gars, c'est à dix-huit ans. Donc, quand je dis qu'il y a eu une transition entre seize et dix-huit ans, elle coïncide aussi avec le changement de la banlieue à la ville, entre l'adolescence et l'âge adulte... tu sais, cette transition-là, je l'ai véritablement vécue, avec le « je pars de chez mes parents et je déménage en ville ». Mes parents se sont séparés lorsque j'avais six ans. À dix-sept ans, j'habitais seul avec ma mère en banlieue, elle venait de se séparer de son *chum*, puis moi, je voulais m'en aller en ville. Ma mère est une femme fondamentalement urbaine, donc elle aussi avait envie de s'en aller à Montréal. J'ai déménagé un an avant elle en appartement avec un de mes amis et, après ça, ma mère a acheté un triplex sur le Plateau Mont-Royal et j'y ai déménagé. On a habité ensemble pendant cinq ans.

— Avais-tu un confident à ce moment-là ?

— Non. Je n'ai pas eu de confident, sans doute parce que j'ai été élevé dans une famille où il n'y avait pas beaucoup de tabous. Je n'ai pas senti de restrictions, et le racisme n'existait pas non plus. Pourtant, il y a beaucoup de choses qu'on n'a pas eues !

Je ne me rappelle pas avoir eu une éducation sexuelle, avoir parlé de sexualité avec mes parents. Je fais partie d'une famille de divorcés, mon père a été présent une fin de semaine sur deux ; mais tu sais, c'est parce que les lois étaient comme ça à l'époque. Je n'ai jamais véritablement vécu avec mon père. Il y a beaucoup d'hommes gais qui ont manqué la présence de leur père, mais, en même temps, je n'ai pas l'impression que c'est à cause de ça que je suis gai. Je pense que c'est chimique, biologique... et c'est sûr que l'environnement aussi peut influencer. Mais, avant tout, c'est très intérieur.

— Parle-moi de ta famille, de tes liens avec ta mère et ton père.

— Quand j'ai dit à ma mère que j'étais gai, elle m'a dit : « Ben, je le savais bien avant toi. » C'est ça qu'elle m'a répondu, véritablement.

Un jour, ma mère m'a dit : « J'ai fait une gaffe parce que ton père a appelé hier, et je lui ai dit tout bonnement : "Ah, il est sorti avec son *chum*." Je pense que je lui ai annoncé sans le vouloir. » Puis, quand je l'ai annoncé à mon père, la première chose qu'il m'a dite, c'est : « Je suis content de ne jamais avoir eu à me poser cette question-là. » Je trouvais ça quand même assez moderne comme réflexion ! J'avais dix-neuf ans à ce moment-là.

— Crois-tu que la société a beaucoup évolué en ce qui concerne le milieu gai ?

— On a fait un bout de chemin, c'est certain. Aujourd'hui, la société adulte est beaucoup plus respectueuse de la différence, peu importe de quelle différence on parle. Par contre, je trouve dangereux que les adolescents ne le soient malheureusement pas beaucoup, surtout entre eux !

— As-tu des frères et des sœurs ?

— J'ai un frère, et comme mon père est remarié depuis vingt-cinq ans, j'ai aussi deux demi-sœurs qui sont mariées et qui ont des enfants. Personne n'a de problème avec le fait que je sois gai.

— Quelle est ta vision de l'amour, de l'amitié, au quotidien ?

— Si je me pose cette question (la différence entre l'amour et l'amitié), c'est parce que je suis en couple depuis quinze ans, et non pas parce que je suis gai. Je pense que chaque couple, après plusieurs années, se pose la question : « L'amour est rendu où ? » À un moment donné, on s'aime parce qu'on est encore ensemble, oui, mais en même temps, il y a la vie de tous les jours qui entre en ligne de compte, n'est-ce pas ? Alors l'amour, on le cherche. Parfois, on se demande où il est rendu... Est-ce que l'amour ne s'est pas transformé en amitié ?

Si je me mets dans la peau d'une personne qui n'est pas en couple, je dirais que chez les gais, il y a beaucoup d'amitié, énormément. Les gais, en général, sont des gens qui ont beaucoup d'amis. Pourquoi ? C'est parce que, je pense, beaucoup d'hommes – on va parler des hommes, mais je suis sûr que c'est la même chose chez les femmes gaies – ont remplacé leur famille par leurs amis. Il y a des gars qui ont vécu l'abandon, le rejet, des histoires taboues, etc. Donc, ils ont dû se retrouver entre eux. C'est vrai que ça se passe comme ça : on se retrouve entre nous et, enfin, on peut être naturel, être qui l'on veut. Personnellement, je ne l'ai pas vécu de cette façon, mais en général, c'est comme ça. À partir de ce moment-là, on se crée énormément de liens. Et forcément, il y a beaucoup de proximité aussi, entre l'amitié et l'amour.

— La ligne entre les deux peut devenir très mince ?

— Oui... Mais ici, on tombe dans un autre sujet. Chez les gais, les relations sexuelles sont devenues très banales. Il y a une quantité effarante de relations sexuelles rapides et faciles. On a banalisé les relations sexuelles, donc l'amour là-dedans, il est rendu où ? On n'attend plus de tomber en amour avant d'avoir des relations sexuelles avec quelqu'un ; on en a parce que c'est comme ça que ça se passe. C'est de la sexualité rapide. Encore là, c'est un phénomène de société, ça n'a rien à voir avec le fait d'être gai, c'est la même chose chez les hétérosexuels. Mais chez les gais, il y a peut-être plus de facilité entre hommes, à le faire. Parce que les hommes sont des chasseurs...

— Peut-on dire que c'est aussi un jeu ?

— Oui, puis ça va souvent droit au but. Ça ne niaise pas ! On entend souvent : « On se baise, c'est juste pour une soirée. » Et tout ça sans émotion.

Mes amis gais sont majoritairement célibataires. François et moi, on est un couple fidèle depuis quinze ans – je ne l'ai jamais trompé, il ne m'a jamais trompé. Mais tous les couples gais que je connais, et qui sont ensemble depuis aussi longtemps que nous, vivent leur relation avec une ouverture sexuelle sur les autres. Moi, je n'y crois pas du tout. Ce qui ne veut pas dire que je n'ai pas envie d'aller voir ailleurs ! (Rires) Encore là, c'est vrai tant chez les gais que chez les hétérosexuels : je n'y crois pas du tout ! Tu vois, j'ai une vie sociale très active, je fréquente du bien beau monde, de bien belles filles, de bien beaux gars – c'est sûr ! Mon domaine, c'est la mode ! J'ai les plus beaux gars de la Terre autour de moi, parce que les mannequins me tètent pour avoir une job ! J'aurais pu me servir de ça, en profiter, c'est sûr, mais je ne l'ai jamais fait. Parce que, si je le fais, si mon *chum* le fait, c'est le début de la fin. Pendant un an, on va traîner ça puis on va se laisser. Donc, si ça doit arriver, parce que ça peut arriver, ça voudra dire que je vais peut-être tomber en amour avec quelqu'un d'autre.

— Tu m'as dit tantôt que les gais vivent souvent entre eux. Cela peut-il entraîner une forme de ghettoïsation?

— C'est paradoxal parce que quand tu es gai, tu veux que les autres t'acceptent mais, à vivre juste entre hommes, à ne pas côtoyer les autres, tout ça ne peut pas aller bien loin. De plus, il n'y a pas d'ouverture d'esprit tant que ça, face aux femmes. J'ai des amies de filles gaies, des amies de filles *straight,* des amis de gars gais et des amis de gars *straight.* Je suis un gars assez souple en fin de compte!

— Tu t'entends bien avec tout le monde?

— Je n'aime pas tout le monde, mais j'ai des amis qui sont mariés, d'autres qui ne le sont pas, j'ai des amis qui sont en couple, d'autres qui sont célibataires, j'ai des amis qui ont des enfants, d'autres sans enfant. Annie et Benoit, des amis à nous, ont deux garçons et François et moi sommes parrains de ces enfants-là. Mon filleul a quinze ans et celui de François, douze ans. Et le plus surprenant, c'est que la marraine du plus jeune, elle est gaie aussi! Ça fait que nous sommes une marraine et deux parrains gais d'enfants de parents hétéros! Une bonne moyenne de gais ici! Je ne fais pas de distinction entre mes amis, mais c'est sûr que j'ai quand même plus d'amis gais que d'amis hétérosexuels. Et les femmes ont eu une influence chez mes amis hétérosexuels, qui sont souvent leurs *chums.* Alors, si on me voit avec mes amis, c'est très mélangé.

— On entend souvent le mot *straight* chez les gais pour parler des hétéros. Mais si je me prends en exemple, il me semble que je ne suis pas si *straight* que ça !

— Pris dans ce sens-là, tu as raison, c'est un terme niaiseux ! Si je l'utilise, je ne m'en rends même pas compte parce que je ne suis pas d'accord avec ce terme-là. Parfois, lorsqu'on me demande : « Est-ce qu'il est *straight* ? », je réponds : « Non. » Mais lorsque je dis qu'il n'est pas *straight,* ce n'est pas parce qu'il est gai. *Straight* veut plutôt dire pour moi un manque d'ouverture.

— Les mots sont parfois bizarres, mais comme il faut bien se comprendre, les sens sont importants. Prenons juste le mot « gai »...

— Je ne sais même pas d'où ça sort !

— La première fois que j'ai entendu ce mot, je me suis dit : « Bien, moi aussi je suis gaie. »

— Oui... (Rires) Et le mot « homosexuel », ça fait médical !

— D'après toi, est-il important de faire son *coming out* ?

— Je crois que oui. Il faut le faire à soi-même, avant tout. Même si ça ne se fait pas facilement. De mon côté, comme je l'ai mentionné tantôt, j'ai eu une période d'incubation où, durant un certain temps, j'étais asexué. En général, quand tu es *out there,* de seize à dix-huit ans, dans notre société moderne, t'en as, des relations sexuelles ! Je sortais dans les bars, puis j'avais du fun. Je découvrais la vie et la ville, mais je n'ai pas eu de relations. Pourquoi ? Parce que je ne l'acceptais pas encore. J'étais très intimidé aussi, et j'arrivais dans un monde d'adultes. Je suis tout de suite rentré dans la faune *underground* de Montréal, artistique, mode, clubs... et je fréquentais des adultes. Quand tu as dix-sept ans et que l'autre a vingt ans, il a déjà plus d'expériences de vie. Je n'aurais jamais pu aller de l'avant puis dire : « Heille, regarde, je veux juste coucher avec toi... »

— Seize ans, c'est très jeune, quand on regarde ça avec du recul. Tu vivais beaucoup de changements en même temps !

— Ce sont des changements qui sont normaux dans la vie d'un jeune. Oui, je pense que le *coming out,* il faut le faire. Je trouve dommage que les gens ne le disent pas à leur famille. Tu vois, j'ai un de mes amis qui a fait récemment son *coming out* à quarante ans.

Je ne suis pas dans la peau des autres, je peux comprendre aussi qu'il y a des gens pour qui c'est plus difficile. Ils ne veulent pas, ils se sentent probablement incapables... Je trouve ça triste pour les parents. Je trouve ça bêtement plate, parce que ça crée définitivement une distance entre l'enfant adulte et le parent. Et par le fait même, il y a plein de sujets importants dont on ne parle pas, de *chum,* de blonde, de vie amoureuse...

— Dans ce genre de situation, le mensonge s'installe, et inévitablement, on doit se créer des scénarios, j'imagine ?

— Oui... Un de mes amis est gai, c'est un coiffeur, il n'en a jamais parlé officiellement à ses parents. Jamais ! Il a quarante-cinq ans. C'est évident, c'est écrit sur son front qu'il est gai ! Il vient d'une famille de six filles, c'est le seul garçon et il a toujours dit que c'est lui la septième fille. Mais il n'en a jamais parlé à ses parents. Il n'a jamais eu vraiment de *chum* non plus. C'est facile pour les parents de respecter le choix de l'identité sexuelle de leur enfant jusqu'au jour où arrive une personne du même sexe dans un party de Noël, par exemple. Là, ça change bien des affaires !

— Ça «officialise» une relation gaie et c'est ça qui dérange?

— C'est ça! Là, tu l'as dans la face! Tu as deux gars, ensemble, dans un party de Noël, avec tous les frères et sœurs, les belles-sœurs, les beaux-frères, les enfants, les parents, les grands-parents... C'est bien différent!

— Et ça rend mal à l'aise certaines personnes moins ouvertes?

— Tout à fait. Il y a des gens qui n'ont pas l'habitude de faire face à une différence, peu importe laquelle. Il y a des endroits, des régions où c'est assez homogène. Les banlieues par exemple: tout le monde est pareil, fait le même salaire, a un enfant et demi, possède deux voitures, etc. Et à partir du moment où tu déroges à ça, tu déranges.

Entre dix et quatorze ans, je me suis fait écœurer beaucoup. Oh oui, beaucoup! J'ai vécu énormément de préjugés de la part d'autres gars. Je me suis fait traiter de *fif* de nombreuses fois, mon frère aussi m'a traité de *fif* longtemps. Je ne me suis jamais fait tabasser, mais les paroles blessantes, oui, j'ai vécu ça!

— Et comment réagissais-tu?

— On se ferme. Il faut être fait bien fort! Je comprends les parents qui disent: «Ah! J'espère que mon enfant ne sera pas gai parce qu'il faudra qu'il passe au travers de choses difficiles.» Par contre, je connais une mère qui a deux garçons et elle trouve que son plus jeune (il a neuf ans) a une sensibilité féminine assez développée. Elle m'a dit: «Si un jour il m'apprend qu'il est gai, je ne serai pas surprise.» Cette personne vit très bien avec ça.

— Est-ce que tu sais pourquoi elle a ce doute?

— Parce qu'il la complimente sur ses cheveux ; il le remarque quand elle se fait couper les cheveux ou qu'elle en change la couleur, lorsqu'elle porte un nouveau vêtement aussi... Ça peut paraître banal, mais toutes ces petites réactions en disent beaucoup.

— Ce sont généralement des caractéristiques ou des façons de réagir plus féminines, je te l'accorde. Je remarque que les gais et les femmes hétéros s'entendent souvent très bien ensemble.

— Ah ! Oui. On est semblables en fin de compte. Juste sur le plan artistique, l'agencement des couleurs, c'est un talent fréquent chez les gais et les filles ! Si t'es gai et que t'as pas de goût, à quoi ça sert d'être gai ? (Rires)

— Être gai peut aussi permettre de développer une grande force de caractère, non ?

— J'ai le tempérament d'un leader. J'ai toujours eu beaucoup de succès à l'école – conseil étudiant, puis organisation de défilés de mode, et autres activités. Alors oui, quand j'étais jeune, je me suis fait écœurer, mais j'avais du succès aussi. Les gars qui me témoignaient du mépris, je considérais que c'étaient des colons. J'avais la capacité d'esprit de me retourner de bord et de dire : « Bof ! C'est un con, puis j'en ai rien à foutre de ça. » À l'intérieur de moi, ça me blessait, ça me faisait énormément mal, c'est sûr, mais je me fermais. Je me disais : « Fais-toi une carapace. » Par contre, chez les jeunes gais qui sont de nature instable, socialement peu confiants, vivre des situations de rejet peut les atteindre énormément, voire même les pousser à l'autodestruction. Ça, c'est très difficile ! Que veux-tu, à l'enfance, nous sommes méchants entre nous, et à l'adolescence souvent encore plus. C'est pour ça que je déconseille aux jeunes de faire leur *coming out* trop tôt.

— Pourquoi ?

— Parce qu'un gars de quatorze ans, qui n'est pas gai et qui est macho, peut être excessivement méchant envers un autre gars qui est plus feluette. Il y a beaucoup de garçons qui font leur *coming out* à ce moment-là et qui le mettent en pleine face du monde : « Regarde ! Je suis gai et je l'assume, je sors dans les clubs, j'ai déjà une vie sexuelle, je suis écœurant, etc. » Il faut faire attention à ça. Parce que ce n'est pas vrai que dans les écoles secondaires, tous les ados sont prêts à accepter le milieu gai !

— Pas encore.

— Non. J'essaye toujours de me mettre dans la peau d'un jeune parce que je l'ai vécue, je l'ai ressentie cette différence-là... J'ai eu une adolescence différente. J'ai eu une enfance différente à cause de ça, même si, quand tu es dedans et que tu as dix ou onze ans, tu ne t'en aperçois pas. Je sais aujourd'hui que le regard que j'ai eu face à certaines situations était bien différent de celui des autres, parce que le phénomène de gang, vouloir appartenir à une gang quand on est jeune, peu importe de quelle classe sociale on vient, c'est là, c'est omniprésent. C'est déjà difficile de s'assumer en tant qu'être humain, même à l'âge adulte, alors imagine quand il faut s'assumer davantage parce qu'on est conscient que notre orientation sexuelle est différente. Quand on a treize ou quatorze ans, c'est encore plus difficile, puis l'erreur dont je parlais tantôt, l'erreur que beaucoup de jeunes font, c'est que, en s'assumant, ils vont souvent un peu trop loin. Ils l'imposent. Et ça, c'est une erreur.

Je connais quelqu'un qui a imposé son homosexualité à ses parents, mais elle l'a fait de façon choquante et déplacée. Sans préparation. Ça a été sa façon à elle de faire son *coming out,* mais elle l'a vraiment mis en pleine face à sa mère. Celle-ci a trouvé ça tellement difficile à vivre qu'elle a dit qu'elle aurait préféré que sa fille soit prostituée plutôt qu'homosexuelle. C'est dur ça! Souvent, quand on est jeune, on a une façon un peu maladroite de faire les choses, et je crois qu'il faut faire attention. Parce que ce genre d'affirmation se fait lorsqu'on est à la polyvalente et que ça peut y jouer dur. Et ça peut créer des blessures qui durent longtemps!

— Donc, tu dis qu'il est préférable d'attendre un peu avant de faire son *coming out*?

— Oui, ça se fera plus facilement. Ça se fera plus naturellement aussi.

— Il ne faut pas attendre trop tard non plus...

— Non. Mais aujourd'hui, les jeunes regardent la télévision, discutent en classe, en parlent : «Ah! Y a rien là!» Y a rien là jusqu'à ce que survienne une situation concrète. Moi, je dis souvent : «C'est facile de ne pas être raciste quand on vit sur le Plateau Mont-Royal», c'est cent pour cent blanc francophone sur le Plateau! C'est facile de dire : «Moi, je n'ai rien contre les Noirs» jusqu'à ce que ta fille débarque avec son *chum*, qui est Noir, et qu'elle t'annonce qu'ils veulent se marier, puis avoir des enfants en plus. (Rires)

— Selon toi, les jeunes gais doivent se servir de leur intuition pour savoir quand le dire, et à qui le dire?

— Oui, mais aussi lorsque tu as quatorze ans, tu as quatorze ans! On vit tous les mêmes choses quand on est jeune. J'exagère peut-être, mais profondément, à l'intérieur de soi-même, on vit tous la même quête. Il faut s'assumer, prendre des décisions, et la sexualité, c'est quelque chose de gros, d'important! Je me rappelle que lorsque j'étais jeune, il fallait *fourrer* la fille pour être *cool*. On avait des condoms et la fille ne jouissait pas *pantoute*. Je l'ai fait, ce *trip*-là, pour me vanter à l'école, le lundi matin, que j'avais baisé. Aujourd'hui, même s'il y a des préjugés et des tabous qui sont tombés, ça se passe encore de la même façon. C'est plate, mais c'est de même. Il y a toujours la fille qui n'a pas de succès, qui est prête à s'ouvrir les cuisses pour avoir de l'attention, puis finir par avoir du succès. Quand j'avais treize, quatorze ans, on fumait des joints dans la cour d'école, et on faisait ça! Je raconte ça, mais tu sais, je n'étais pas bien là-dedans. Je n'étais pas naturel. Pas du tout!

— C'était sans doute pour te faire accepter de la gang?

— Oui, et puis on passe tous par là! Ne serait-ce qu'un soir, pour décider qu'après ça, on n'est pas bien là-dedans.

— Dans ta vie professionnelle, le fait d'être gai t'a-t-il fait vivre des malaises?

— Dans le métier que j'exerce, le fait d'être gai, c'est un critère! (Rires)

— As-tu choisi ce métier en te disant que ce serait sans doute plus simple pour toi?

— Non, mon orientation et mon métier n'ont rien à voir, bien que... être gai et avoir du goût, il me semble que ça va de soi; plusieurs couturiers sont gais, c'est peut-être un critère d'admission?

— Il me semble que le milieu artistique est beaucoup plus ouvert vis-à-vis du milieu gai. Heureusement pour toi, parce que je crois que ce n'est pas simple sur ce plan pour tous les gais!

— C'est sûr que dans un domaine artistique, c'est mieux accepté. Être joueur de hockey professionnel et être gai : oublie ça! Ou tu ne le dis pas... Il y a plein de métiers aujourd'hui qui restent des métiers de gars hétérosexuels. Je pense aux policiers, par exemple. Je les regarde aujourd'hui, ils peuvent avoir vingt, vingt-deux, vingt-cinq ans, ils n'ont pas beaucoup d'expérience de vie pour avoir une job avec autant de responsabilités ! Je pourrais citer les médecins aussi, il y a plusieurs jeunes médecins qui n'ont pas d'expérience de vie non plus. Ils ont étudié plusieurs années pour devenir médecins et, à un moment donné, ils se retrouvent devant un sidéen gai héroïnomane ! À ce moment-là, les tabous ressortent.

— Peut-on penser qu'un gai préfère taire son identité sexuelle au travail, de peur de perdre une promotion ?

— Je pense que oui, mais je crois que ça doit être moins pire aujourd'hui. Un gars de vingt-quatre ans qui est policier, il écoute la télé, il lit les journaux, il écoute les nouvelles, sa blonde a peut-être un ami gai... Je me dis que l'acceptation doit être un peu plus facile aujourd'hui qu'auparavant. Je crois. Par contre, un gai issu d'un milieu plus traditionnel vivra ce que moi j'ai vécu plus jeune à l'âge adulte. Sa vie professionnelle pourra s'en ressentir. Ce que je veux dire par là, c'est que les relations qu'il va avoir avec les autres hommes, dans son milieu de travail, ne seront pas naturelles. Toutes les activités sociales qui entoureront sa profession – les partys de bureau, les *chums*, les blondes – ne seront pas vécues de façon naturelle non plus. Ces gais risquent d'avoir une double vie. Moi, je suis dans un milieu où il y a beaucoup de gais. Il y en a toujours eu. J'aurais bien aimé ça dire que je ne le suis pas juste parce que je suis couturier, uniquement pour briser le cliché !

— Mais en même temps, c'est un plus, je pense !

— En tout cas, ce n'est pas un moins !

— Tu n'as jamais eu à vivre une double vie ou une situation de mensonge ?

— Non.

— Mais pour ceux qui ont énormément de difficultés à faire leur *coming out,* pour différentes raisons, et qui finissent par être obligés de faire semblant, ça doit être terrible !

— Oh oui ! Il y a encore du monde qui fait semblant aujourd'hui, et c'est évident qu'ils sont gais. Personnellement, je n'aimerais pas vivre de cette façon-là. Si cette personne est mariée, a des enfants, je me dis : « *Cou'donc,* la femme le sait-elle ? Est-ce qu'elle s'en aperçoit ? » Un couple hétérosexuel où il y en a un des deux qui a des aventures homosexuelles, là, on ne parle pas juste de tromper. C'est plus complexe encore... Je n'ai pas de préjugés à propos de ce genre de situation, et je ne juge pas. Ce qui ne m'empêche pas de trouver ça désolant et bien triste.

Mon *chum* et moi, on a toujours été fidèles et je ne crois pas au fait d'aller voir ailleurs. Toutefois, je fais attention en groupe parce que de me vanter de notre fidélité peut devenir un manque de respect envers la personne qui est en face de moi, qui vit peut-être une difficulté présentement et qui ne souhaite pas parler de ce sujet.

Je veux dire aussi que je n'ai jamais mis les pieds dans un sauna de ma vie ! Et il y a bien des gars gais qui ne croient pas ça.

— On ne te croit pas ?

— Non. Alors j'ai mes blagues qui vont avec ça : « J'aurais bien trop peur d'être reconnu. » (Rires) J'en ai une autre aussi : « Je n'ai jamais mis les pieds dans un sauna, mais j'ai fait tous les saunas du Québec parce que j'ai déjà fait la page couverture de *Fugue.* » (Le magazine *Fugue* est distribué dans tous les saunas du Québec.) Je n'aime pas les saunas, mais je ne suis pas fermé à l'idée que ça existe. Quand j'étais célibataire, les saunas ne m'excitaient pas ! Les *gogos boys* ne m'excitent pas non plus. Les gars tout rasés avec leurs bottes de cow-boys, je trouve ça bien quétaine !

— Peut-on reconnaître un gai par des indices extérieurs ?

— Je pense que c'est davantage dans l'attitude générale que l'indice peut être perçu. Surtout aujourd'hui. Les jeunes gars de vingt ans sont très émancipés, ce sont des gars qui n'ont pas de problème avec leur sexualité : ils sont aux femmes, ils ne se posent pas cette question-là, mais ils sont très mode, ils sont coquets... J'aime beaucoup cette évolution-là !

— Mais si l'hétéro se féminise, comment savoir si une personne est gaie ?

— Il y a plus d'ambiguïté maintenant. Les indices sont moins clairs qu'auparavant. De plus, ça dépend dans quel pays on se trouve. En Europe, souvent, on pourrait dire qu'un gars est gai, mais il ne l'est pas. Ils sont généralement plus raffinés que nous. L'homme québécois est rustre, l'homme français est plus efféminé, mais il n'est pas gai pour autant. Il est bien plus macho, très souvent !

— Que penses-tu du mariage gai ?

— Je ne suis pas pro mariage en général. Ça vient de mon enfance. Est-ce parce que mes parents ont divorcé ? Peut être... La seule raison pour laquelle je suis pour le mariage, c'est que ça nous apporte de la très bonne *business* à notre boutique ! (Rires)

Avant de parler de mariage, j'aimerais parler d'engagement. C'est ça que je déplore chez les hommes gais. Entre gars, il y a plus de tromperies, parce que se sont des chasseurs... Aujourd'hui, il y a une consommation sexuelle qui se fait tellement rapidement chez les gais. Il faut toujours qu'ils en baisent un plus beau, puis un plus beau, puis un plus beau... Comme si c'était un trophée ! Puis ils ne sont jamais assez beaux, ils ne sont jamais assez riches, ils ne sont jamais assez intelligents. C'est fou, hein ? Ils ont un idéal dans leur tête, ils se disent : « Mon *chum*, je le veux comme ceci, sexuellement accessible, avec le char de l'année, la grosse job, l'argent. » Le *package* au complet ! Parce que l'aspect financier, chez les gais, est très important aussi.

Pour en revenir à ta question, je pense qu'on devrait parler d'engagement avant de parler de mariage. Le mariage, c'est une histoire légale, de droit, et tant mieux si la loi a passé !

— C'est une protection financière, comme au moment d'un décès, par exemple ?

— Oui. Et c'est une protection à l'égard des familles. Parce qu'il y a des histoires d'horreur qui existent. La famille accepte et respecte l'homosexualité de son enfant, mais ne reconnaîtra pas le conjoint. Il y aura discrimination envers le gai, mais non pour son frère qui, lui, a une blonde. Je pense à un gars que je connais qui est décédé du sida, puis son conjoint n'a rien eu de l'héritage ; la famille a tout raflé et pourtant celle-ci n'a pas été présente dans la vie de ce gars-là jusqu'à sa mort. Il était sur son lit de mort et ils ont réussi à tout aller chercher ! Il n'avait pas de testament, ça faisait très longtemps qu'ils étaient ensemble, mais la famille n'a pas reconnu les droits du conjoint. À ce point de vue-là, je suis totalement d'accord avec le mariage, sans oublier toutefois l'importance de l'engagement. Quand on se marie, c'est parce qu'on aime son *chum*, ce n'est pas juste pour faire un party et porter une belle robe ou de beaux vêtements ! Ça explique mon bémol face à tout ça.

— J'aimerais avoir ton opinion sur le phénomène du *bare-backing*, le culte des rapports sexuels non protégés.

— Je vois dans ce geste une provocation à la mort. Je trouve ça tellement triste que ça existe. Ça n'a pas d'allure... Les saunas sont pleins vingt-quatre heures sur vingt-quatre, et ce n'est pas vrai qu'ils se protègent. Je pense que la drogue joue un rôle. Si tu mettais tous les gars dans un sauna, sans influence de la drogue, je pense que les rapports sexuels seraient différents.

— Il y a beaucoup de drogue dans les saunas ?

— Oui. Je pense que la drogue et l'alcool jouent un rôle néfaste dans le *barebacking*. On est dans un état où on s'en fout.

— Mais c'est terrible !

— C'est un fléau ! Je crois qu'il y a beaucoup de provocation de la part des gens qui sont séropositifs et qui ne se protègent pas. Dans leur tête, ils se disent : « Je ne serai pas le seul à l'avoir, je vais te le donner, mon *tabarnak* ! » Oui... c'est épouvantable.

— Cette forme de violence, tu crois qu'elle est très présente ?

— Je ne peux pas dire s'il y en a beaucoup, mais je sais que ça existe. Je pense, véritablement, que tu as plus de chance de *pogner* le sida en allant dans les saunas que si tu n'y vas pas. Je considère qu'un gai est à haut risque dans ces endroits. Même si on dit : « Bien oui, mais tu sais, tu peux bien rencontrer un gars qui est super *clean,* beau, bien habillé, mais le gars peut être aussi séropositif ! » Ça n'a rien à voir avec le char que tu conduis ni avec l'argent que tu as dans tes poches. Ça a rapport avec le fait que tu vas dans les saunas régulièrement, que tu baises trois ou quatre gars dans une semaine parce que tu es gelé, que tu es *stone* et qu'il est trois heures du matin... Je trouve ça aberrant !

— Peut-on dire que le *barebacking* fait partie d'une mode présentement ?

— Pour beaucoup de gars, la vie est axée sur le fait d'être gai. Je suis gai, donc j'ai un mode de vie gai : je sors dans les bars, je prends de l'ecstasy ou d'autres drogues ; je prends du Viagra parce que, à six heures du matin, il faut que je *pogne*, il faut que je baise, il faut que je sois performant !

— Comme s'ils étaient programmés !

— C'est programmé ! Ils passent leur vie à faire ça, à en baiser un puis l'autre, puis un puis l'autre, etc. Alors le phénomène du *barebacking*, le culte des rapports non protégés, il y a plusieurs gais qui le pratiquent parce que, à quatre heures du matin, ils n'ont pas toute leur tête. Quand tu as pris deux ecstasy, souvent avec d'autres mélanges, c'est pas vrai que t'es lucide et conscient de ce que tu fais.

À travers tout ça, je pense qu'il y a aussi le fait de vouloir être aimé : tu es peut-être physiquement moins bien nanti, et soudainement, tu tombes sur un beau gars – parce que l'autre est tellement *stone* que, de toute façon, il ne se rappellera jamais qui il a baisé le lendemain... Je ne suis pas sûr que ce soient des relations sans conséquences... Voilà pourquoi je suis assez critique face à ça.

— La beauté du corps semble très importante pour les gais. Alors le vieillissement, comment entrevois-tu cette phase de ta vie ?

— La beauté du corps est importante à tous les âges, pour les deux sexes, et peu importe l'orientation sexuelle. Je trouve que pour vivre la quarantaine en 2006, il n'y a aucun problème ! Je fais plus d'exercices et prête plus attention à moi qu'avant. Voir des corps sublimes dans les magazines est pour moi une source d'inspiration, et non de frustration ! Je n'ai pas peur de vieillir, car j'ai beaucoup de plaisir dans la vie. Être gai, c'est être sur la Terre pour avoir du *fun,* c'est pour ça qu'on nous a inventés! On est là aussi pour être les amis des femmes et les faire danser dans les mariages! (Rires)

— Sais-tu que la ville de Montréal a été nommée destination gaie par excellence?

— Super! Je suis bien d'accord. Ça prouve qu'on a une grande ouverture d'esprit et qu'on est une société très libérale. Je trouve ça, bien, bien, bien l'*fun!*

— Est-ce positif pour le milieu gai montréalais?

— Oh oui! Ça prouve qu'on est *hot!* Y a pas juste les filles québécoises qui sont les plus belles ici! (Rires) Les Québécois ont la réputation d'être des gars très sexy chez les Américains. Si tu vas à Toronto, leur village gai comparé à celui de Montréal est vraiment différent. L'Anglo-Saxon vient d'une autre culture, bien sûr.

— Il n'y a pas un danger de ghettoïser les gais dans leur Village?

— Non, pas du tout! Je sors dans le Village, je sors aussi sur le Plateau et je sors ailleurs... Je ne vois pas le Village comme un ghetto.

— Quelle est ton opinion sur les manifestations gaies en général?

— Aujourd'hui, j'ai de la difficulté à dire qu'une manifestation comme la Fierté gaie, par exemple, joue véritablement un rôle d'ouverture. Par contre, je trouve que ces manifestations-là sont importantes! Parce que ce sont des partys, c'est l'*fun.* Les gais aiment ça faire la fête. Personnellement, j'y participe : la parade gaie, le gros *T-dance* dehors, par exemple... C'est l'*fun* au *boutte* et maintenant, il y a de plus en plus d'hétérosexuels qui y participent.

Il ne faut pas oublier que, si on retourne dans les années 1970, beaucoup de coiffeurs, de maquilleurs ont créé des *looks* pour des femmes qui sont devenues des vedettes planétaires ; on appelle ça *stager* dans le milieu. Il y a un aspect très artistique chez les gais, qui joue un rôle très important dans leur communauté, et dans la société en général. Les femmes, les stars se font habiller par des hommes gais, puis toutes les filles rêvent d'avoir ce *look*-là ! Tout le phénomène des raves, c'est parti des gais, et ensuite, les hétérosexuels ont suivi. Les gais ont été les précurseurs d'énormément de tendances et ça, il ne faut pas l'oublier. Les grandes manifestations gaies sont importantes parce que les hétérosexuels ne font pas ce genre de manifestation-là.

Ce que je trouve dommage dans ces fêtes, c'est que les gais ont tellement voulu rendre ça accessible au commun des mortels qu'ils ont rendu leur parade plate. Moi, je trouve qu'il n'y a pas assez de *drag queens,* pas assez de clowns, pas assez de gars tout nus, pas assez de filles les seins à l'air, et pas assez de S & M. En fait, il n'y a pas assez de cirque ! D'un point de vue artistique, ces manifestations doivent être plus extraverties sans vouloir choquer à tout prix. L'envergure doit être présente, et l'éclatement aussi. Il ne faut pas avoir peur d'oser, sinon, qui le fera ? Nous vivons dans une ville ouverte, alors profitons-en ! Je vais vraiment à l'encontre de bien des gars pour qui il est très important de pouvoir montrer une certaine « normalité ». Si on montre une normalité, ça devient plate ! Et ce n'est pas assez fou, comme ça devrait l'être !

— Je remarque que les médias vont toujours chercher ce qui choque le plus dans ce genre de manifestation...

— Il faut que ce soit comme ça !

— Ne crois-tu pas important que parfois l'information soit bien gérée ?

— C'est sûr, mais il ne faut pas oublier que ça reste un cirque, tout ça. Une parade, il faut que ce soit visuellement intéressant ! Mais là, je déborde de la question, je suis peut-être davantage rendu dans une forme d'esthétisme ou dans l'événementiel.

Ce que je reproche aux événements, c'est qu'ils sont devenus *main stream* et c'est plate. Moi, voir un gars en habit, qui a l'air d'aller au bureau, marcher dans une parade gaie... je trouve ça plate. Je pense qu'on est rendus plus loin aujourd'hui. On pourrait montrer aux gens que les gais sont des instigateurs de tendances, que les gais peuvent être encore des avant-gardistes dans des domaines artistiques. Ça, on l'oublie un peu.

Il y a beaucoup de choses qui viennent des gais. La musique techno, la musique *house*, l'*underground*... Je le sais, parce que je suis dans ce monde-là, j'ai toujours été attiré par les nouvelles tendances. Je ne vais pas dans les bars tous les soirs ! Je travaille soixante-dix heures par semaine, j'ai trente-neuf ans, j'ai une *business* à faire rouler, mais mon domaine fait en sorte que je fréquente ce circuit-là même si je ne suis jamais allé dans un rave de ma vie ; je ne suis jamais allé au Stéréo à trois heures du matin... parce que je n'ai pas le temps !

— J'aimerais avoir ton opinion sur les Outgames à Montréal.

— Quand j'étais jeune, j'ai été un sportif, j'ai vécu certaines difficultés comme de sentir qu'inconsciemment, je n'appartenais pas à la gang dans le vestiaire des joueurs de hockey. Je me suis toujours senti comme un peu en retrait. Même si ça ne paraît pas que tu es gai, et même si tu ne l'assumes pas encore. Ça part de là, les Outgames. C'est niaiseux, mais ça part de ça. Je crois qu'il faut prendre ça un peu à la légère. C'est une manifestation comme il y en a d'autres dans le monde et tant mieux si ça existe. Et il y a des retombées économiques incroyables!

— Et que penses-tu des organismes et des associations gaies?

— C'est important que ces organismes et ces associations existent. Il y a des jeunes qui se suicident parce qu'ils sont gais. Alors, un organisme comme Gai écoute devient primordial. De plus, lorsqu'un jeune de vingt ans quitte sa campagne profonde et déménage à Montréal, ça peut devenir paniquant. Il y a toute la découverte d'une nouvelle vie, d'une grande ville, et en plus, son orientation sexuelle. Il ne faut pas oublier que nous sommes une minorité. Un organisme ou une association gaie devient alors super-important pour ces jeunes gais.

— Tu parles de minorité, as-tu un pourcentage concernant les gais?

— Je pense qu'il y a environ dix pour cent de la population qui le serait.

— Ah, j'aurais pensé davantage.

— On parle ici de population urbaine, pas rurale.

— Est-ce que le sida fait toujours aussi peur aujourd'hui?

— Oui, c'est sûr!

— La médecine a fait d'énormes progrès et il y a maintenant des médicaments plus efficaces.

— La trithérapie a aidé beaucoup de sidéens, c'est sûr, mais aujourd'hui, avec les effets secondaires de ce traitement, les sidéens vivent beaucoup de tabous. Parce que la trithérapie, après quelques années, ça paraît.

— Oui, il y a des effets sur la peau, je crois?

— C'est ça. On peut savoir maintenant qui est en trithérapie. Ça laisse des traces parce que ça crée une dystrophie, comme une liposuccion dans des endroits bien précis : les joues commencent à creuser, donc les pommettes ressortent beaucoup, le ventre gonfle et beaucoup d'hommes compensent avec le gym. Et les stéroïdes! Ce que je veux dire, c'est que ces personnes doivent vivre avec les préjugés des gens qui les entourent. Et ce n'est pas toujours facile.

— Tout de même, mieux vaut la trithérapie que mourir?

— C'est certain!

— As-tu perdu des amis à cause du sida?

— Je me considère comme très chanceux parce qu'à trente-neuf ans, je n'ai pas encore côtoyé la mort, celle de mes proches, parents, amis... Mes grands-parents sont morts, mais je n'étais pas très près d'eux. En fait, la dernière personne qui est décédée autour de moi, c'était le père de François, mort il y a quatre ans, et c'était vraiment une des premières fois que je côtoyais cette tristesse-là. Je n'ai aucun ami gai qui est séropositif. On le sait, ça, je veux dire, ça se dit, ce n'est plus caché comme avant. Je touche du bois, parce que ça doit être dévastateur d'apprendre une nouvelle comme celle-là. Comme je l'ai dit tantôt, je me montre très critique envers les gens qui ne font pas attention sexuellement, mais personne ne mérite ça. Ce n'est pas parce que tu en as baisé cinquante dans une semaine que tu le mérites plus qu'un autre. Tu as juste plus de chances de l'attraper, par exemple. Et tu es au courant, tu le sais... et tu n'as rien fait pour véritablement faire attention... tu ne le mérites pas, mais *câline !* Il me semble que ce n'est plus un sujet tabou aujourd'hui. On en parle, et il y a de la publicité sur le sujet.

— Le sida peut aussi s'attraper avec des aiguilles infectées...

— Mon frère a été toxicomane pendant plusieurs années, il était sur l'héroïne. Il ne l'a pas attrapé, mais dans son carnet d'adresses, tout le monde est mort ! Et dans les pays sous-développés, c'est dévastateur ! C'est épouvantable ce qui se passe en Afrique. Ils n'ont rien. Rien. Et on les laisse crever...

— Et il y a aussi les femmes sidéennes qui transmettent la maladie à leurs enfants.

— Donc, il faut arrêter de penser que le sida, c'est juste une maladie de gais, n'est-ce pas ?

— Tout à fait !

— Ce n'est pas ici que ça tue le plus de monde ! Ce n'est pas dans notre société occidentale, industrialisée et riche, parce qu'ici, on a les moyens de se payer nos médicaments. Si j'étais célibataire et séropositif, c'est sûr que j'irais vers un *chum* séropositif. On partagerait ça ensemble, on s'aiderait là-dedans, puis on pourrait baiser sans prendre de précautions !

— Les enfants dans un couple gai, qu'en penses-tu ?

— Je crois que ça intéresse davantage les femmes gaies parce qu'elles ont la possibilité d'enfanter. C'est la seule raison pour laquelle il y a peut-être plus de femmes homosexuelles qui ont des enfants : parce qu'elles peuvent accoucher ! Si on pouvait enfanter, je pense que ça pourrait être différent. On parle d'adoption aussi... Je ne connais aucun pays dans le monde

– en tout cas, il y en a peut-être, mais je n'en connais pas –
qui accepte ou qui reconnaît un couple gai à l'adoption.

**— N'est-ce pas plus facile pour un gai d'adopter un enfant
s'il est célibataire?**

— Je crois que oui. Les gars que je connais qui veulent adopter
sont redevenus «célibataires», même s'ils sont en couple.
Parce qu'on parle d'adoption internationale! On n'adopte plus
vraiment d'enfants du Québec.

Je crois que si j'avais été hétérosexuel, j'aurais eu des enfants.
Je ne serais pas passé à côté de ça. J'aurais fondé une famille.
J'aurais voulu faire ce *trip*-là. Mais si je dis ça, ça ne veut pas
dire que je suis malheureux pour autant! Ça ne me manque
pas, mais je sais que ça aurait été là. Oui, je suis pas mal
convaincu que j'aurais eu une blonde qui en aurait voulu aussi.
Puis, si elle n'en avait pas voulu, eh bien, je l'aurais *flushée*! J'en
aurais trouvé une autre! (Rires)

C'est vrai que ce n'est pas parce que tu es lesbienne que tu ressens moins ce besoin féminin d'accoucher. C'est biologique,
c'est physique, ça fait partie des gènes; les femmes ressentent
physiquement, à un certain âge, ce besoin-là. Ça se passe dans
le corps humain... Donc oui, c'est vrai qu'il y a sûrement plus
de femmes homosexuelles qui ont des enfants à cause de ça.
Deux gars ensemble, bien, on le sent moins.

— Et la paternité alors...

— Ça ne me manque pas. Non. Du tout. Je n'ai pas peur de
vieillir à cause de ça non plus. C'est drôle comme je ne me
suis jamais véritablement posé cette question-là. Pourtant, je
suis en couple depuis quinze ans, et mon *chum*, les enfants
sont tous après lui, parce qu'il est bon avec eux; et il a écrit
pour des émissions jeunesse très longtemps. Il a travaillé en

garderie, c'est un gars qui a une sensibilité avec les enfants, qui les comprend et qui est super-bon avec eux... mais on n'est pas allés jusque-là.

— À propos de la question ouverte, je sais que tu souhaites nous entretenir des différences entre les gars et les filles, dans le milieu gai.

— Je souhaite parler de cette réalité parce que ça me rend triste. La différence entre un gars gai et une fille gaie est vraiment énorme. Énorme! Tout d'abord, l'économie gaie entre les hommes et les femmes est disproportionnée. Pourtant, mes amies gaies sont très bien nanties financièrement. Mais la femme en général est moins *show off* que le gars. L'homme aime ça acheter, la femme sera plus économe. Pour faire le parallèle entre les hommes et les femmes gais, quand on parle d'argent rose, on parle de l'argent des hommes. Je vais te donner un exemple bien concret. Moi, je suis un créateur de vêtements pour hommes et femmes, et trente pour cent de mon chiffre d'affaires est fait avec des gais, dans ma collection pour hommes. Je n'ai pas cet équivalent-là dans ma collection pour femmes.

— Mais il existe tout de même des femmes gaies coquettes?

— Les filles gaies que je connais sont des filles coquettes et très *fashion*. Mais, en général, elles sont moins coquettes. Est-ce qu'elles sont moins urbaines? Je me pose cette question-là parce que je trouve qu'il y a un déséquilibre, et celui-ci se retrouve dans la différence de pouvoir économique entre les femmes gaies et les hommes gais. Il y a beaucoup d'hommes gais qui ont énormément d'argent. Comment cela se fait-il qu'il y ait beaucoup de femmes gaies qui ont nettement moins d'argent? Il y a des études qui ont été réalisées.

— Et puis?

— La femme gaie est généralement moins fortunée que l'homme gai. Est-ce parce que l'homme gai prend beaucoup plus de place? En tout cas, dans le domaine médiatique, l'homme gai est plus visible et il s'affiche davantage. Dans notre société, la femme hétéro a pris énormément de place; on le voit, elle est extrêmement performante, même beaucoup plus que l'homme. Mais les femmes gaies sont beaucoup plus discrètes, ce qui porte à croire qu'elles ont moins d'argent. J'ai l'impression qu'elles ont plus de difficulté à prendre leur place. Est-ce que c'est à cause de nous autres, les hommes? Peut-être.

— C'est vrai qu'elles sont moins visibles.

— J'ai l'impression qu'il y a plus de préjugés envers les femmes gaies qu'envers les hommes gais. Et je sens une barrière entre les hommes gais et les femmes gaies aussi. Je trouve ça dommage. Cette barrière-là ne devrait pas exister. On a tous vécu la même chose, une orientation sexuelle différente de la majorité des gens sur cette planète. On a tous subi, à différentes échelles, des préjugés. On a tous connu des situations où on nous a regardés avec un œil différent, qu'on soit homme ou femme. Mais, pour une raison que je ne peux expliquer, l'homme gai a pris beaucoup plus de place et j'ai l'impression qu'il est beaucoup plus facilement accepté, aujourd'hui, que la femme gaie. Elle est acceptée dans le fantasme masculin, c'est-à-dire que les hommes aiment les regarder baiser ensemble. Mais quand deux femmes gaies arrivent dans un environnement d'hommes, et qu'en plus elles ne sont pas féminines du tout, elles font face à beaucoup de préjugés. Les hommes gais en ont énormément contre les lesbiennes; ils n'aiment pas la «masculinisation», la non-féminité de plusieurs femmes gaies. L'inverse est pareil, les femmes gaies n'apprécient pas la féminisation des hommes gais ! Je crois que nous avons contribué sans le vouloir à une forme de compétition entre hommes et femmes gais, car les hommes utilisent leur pouvoir pour rayonner sur la place publique, tandis que les femmes se sont montrées plus discrètes, et cela a malheureusement creusé un fossé entre nous.

— C'est très intéressant. Peut-être qu'un débat sur le sujet pourra permettre d'aller plus loin.

— Oui, je l'espère aussi.

— Je suis très touchée par tes confidences si généreusement livrées aujourd'hui. Merci beaucoup, Philippe.

— Ça m'a fait plaisir. Si ça peut aider des gens, surtout les jeunes, je l'ai fait pour cette raison.

Témoignage d'un journaliste

Je m'appelle Marcel, je suis journaliste à l'antenne d'un réseau de télévision au Québec, et j'exerce ce métier depuis très longtemps. Malgré l'image d'ouverture d'esprit que veut se donner le monde de la télévision, je dois avouer que ce milieu véhicule des attitudes conservatrices et homophobes, même si ce n'est pas délibérément.

L'homophobie aux nouvelles télévisées est un phénomène systémique qui découle des valeurs d'objectivité et de neutralité associées à l'information, et aux idées consensuelles auxquelles souscrivent tant la direction que le personnel en général.

L'homosexualité est encore un sujet controversé dans notre société. Le débat cinglant sur la question du droit au mariage pour les conjoints de même sexe, notamment lors de la dernière campagne électorale fédérale, en est la preuve.

Aux nouvelles télévisées, on voit peu ou pas en ondes un visage, une allure et des manières trop gais, encore moins une voix aux consonances gaies. D'ailleurs, avez-vous remarqué qu'à l'écran, nous nous habillons tous de la même façon, nous avons à peu près la même coupe de cheveux et nous parlons tous avec le même accent? Nous avons tous l'air hétérosexuel, même si nous ne le sommes pas.

Être gai dans une salle des nouvelles télévisées n'est pas un problème en soi, pour autant que l'employé gai reste dans son placard et que cela ne paraisse surtout pas à l'écran. Beaucoup d'hommes gais craignent justement d'en sortir, de peur de se voir refuser des promotions, de se faire exclure des ondes ou, pire encore, si on est contractuel, que son contrat ne soit pas renouvelé.

Évidemment, la direction n'avouera jamais qu'elle s'adonne à ce genre de discrimination parce que, de toute façon, elle ne se rend probablement pas compte qu'elle le fait. Au nom de la neutralité journalistique, elle écarte inconsciemment les gais, du moins ceux qui sont ouvertement gais.

Voilà pourquoi beaucoup d'entre nous avons refusé de participer à votre livre et ceux qui ont accepté l'ont fait comme moi, sous le couvert de l'anonymat. Et encore, je réponds à vos questions en omettant certains faits pour cacher mon identité tellement je crains des représailles à cause de ce que je dis et révèle.

Et la situation que je vis n'est pas différente à Radio-Canada, à TVA ou à TQS. J'ai des collègues qui travaillent dans tous les réseaux et qui m'ont également raconté des expériences semblables à la mienne.

Nos chaînes de télévision sont à l'image de la société dans laquelle elles évoluent. Le Québec a beau se dire une société tolérante envers les gais, dans les faits, l'homophobie fait partie du système. Combien de gais se font refuser des emplois, des promotions, des droits ou des privilèges à cause de leur homosexualité? Probablement beaucoup, mais c'est difficile à prouver parce qu'on peut invoquer bien d'autres raisons pour justifier la discrimination sans avoir à avouer sa propre homophobie. Et dans les cas d'actes violents dont les gais sont victimes, la discrimination est bien évidente!

C'est dans ce contexte que j'ai évolué à la salle des nouvelles télévisées. Au départ, par peur de déplaire. C'est ma propre homophobie intériorisée. J'ai donc essayé de rester caché dans mon placard. Mais je me suis rapidement rendu compte que tout finit toujours par se savoir. Un soir, quelqu'un m'avait vu dans un établissement gai et l'a raconté à un autre, puis à un autre et à un autre. Finalement, un collègue de travail a été mis au courant. J'étais pris dans une sorte de chantage dont la seule issue à mes yeux était de sortir de mon placard. Je me suis dit alors qu'on ne pourrait plus rien me faire si je mettais cartes sur table. D'un côté, je n'ai pas regretté ma décision, car la grande majorité de mes collègues m'ont accepté tel que je suis. Et je peux même dire que j'ai senti de l'appui.

Par contre, on m'a par la suite refusé une promotion à cause de mon homosexualité. Cela m'a été dit ouvertement, mais derrière des portes closes. C'est ma parole contre celle du superviseur. Et malgré le talent que mes collègues m'accordent et les nombreux prix journalistiques que j'ai remportés, je dois avouer que plusieurs promotions et beaucoup de bonnes affectations (couverture d'événements de prestige) ne m'ont pas été attribuées. Ceux qui les ont eues étaient habituellement de beaux garçons hétéros ou de belles femmes hétéros. Sinon, c'étaient des gars gais et des femmes lesbiennes bien discrets.

Tout cela est bien entendu difficile à prouver, car on n'argumente pas l'homophobie. Il n'y a personne qui avouerait au grand public avoir consciemment ou délibérément fait preuve de discrimination à mon égard. On donnerait plein d'autres raisons. Mais les circonstances nombreuses alimentent mon impression.

Voilà pourquoi j'ai parfois regretté d'être sorti de mon placard, pour les promotions non obtenues et les affectations accordées à d'autres. Je mettais énormément d'énergie à offrir le meilleur de moi-même en me disant que, si j'étais meilleur que les autres, on me reconnaîtrait enfin. Je ne comptais plus les heures, j'étais toujours disponible, je prenais toutes les formations possibles pour m'améliorer, certaines même à mes frais. J'ai travaillé dans les pires conditions pour prouver que j'étais un bon employé, un bon journaliste, pour mériter des promotions et de bonnes affectations. J'ai sacrifié ma vie familiale à ma carrière. J'y ai également laissé ma santé.

Maintenant, je ne peux plus en faire autant, et je ne veux plus en faire autant. J'ai appris que le travail et surtout l'ambition ne sont pas tout dans la vie. Être heureux est encore plus important.

J'ai appris récemment que je suis atteint du VIH et jamais, au grand jamais, je ne divulguerais cela à mon employeur, car je suis certain que ce serait la fin pour moi. On ne me mettrait pas à la porte, mais je suis persuadé qu'on ferait tout pour se débarrasser de moi. Sinon, je serais confiné à des tâches moindres, que je n'aime pas. Finies les promotions et les affectations à l'étranger. Je serais laissé là dans mon coin à attendre la fin, parce qu'avoir le VIH dans la tête des gens, c'est un arrêt de mort.

Avant de savoir que j'avais le VIH, j'ai été très malade et j'ai dû me cacher, tant des patrons que de mes collègues, sauf évidemment de certains qui sont également des amis dans la vraie vie. Si j'avais eu une maladie plus hétérosexuelle, comme un cancer ou une cirrhose du foie, j'aurais certainement pu en parler avec des collègues et obtenir leur compassion. Mais on ne peut pas faire cela avec le VIH. J'aurais tellement eu peur d'être ostracisé et qu'ensuite cette information se rende aux oreilles des patrons !

J'ai souffert et je souffre encore du VIH, dans le silence. J'ai trouvé extrêmement difficile de ne pas me sentir appuyé et accepté de mes pairs. Ça m'a fait très mal.

C'est probablement la pire discrimination dont j'ai souffert au travail.

MARCEL

« Au plus loin que je remonte et même à l'âge où l'esprit n'influence pas encore les sens, je trouve des traces de mon amour des garçons. »

JEAN COCTEAU,
Le Livre blanc, 1928

[Alex Perron]

« Je pense que j'ai les capacités et le bagage pour élever un enfant. Mais en même temps, il y a un autre côté de moi qui dit : ‹ Je suis gai, je l'assume, j'ai fait mon choix, mon copain aussi, on a décidé de vivre ensemble. C'est nous qui avons fait ce choix-là. Un enfant arrive et tu lui imposes ce choix. Je crois que tant que l'enfant vit à la maison, ça va... mais après ? › »

Quelques mots sur la vie professionnelle
d'Alex Perron

Diplômé de l'École nationale de l'humour, Alex Perron est certes l'une des personnalités les plus médiatisées de notre actuelle scène télévisuelle. Chroniqueur, humoriste, animateur, rédacteur et comédien, il a été cofondateur du Théâtre Nez à nez de Baie-Saint-Paul, créateur du trio humoristique Les Mecs comiques ainsi que rédacteur et comédien dans la série télévisée du même nom. Il a également participé à l'écriture et à l'enregistrement de la très populaire série télévisée *3 X Rien*. En tant que chroniqueur et animateur, on a pu le voir ou l'entendre aux émissions *Z et les Mecs comiques, Midi Mecs comiques, Fun noir, Y é trop de bonne heure* et *Tout le monde tout nu*.

Entretien avec Alex Perron

— Alex, as-tu hésité avant de dire oui à cet entretien ?

— Il n'y a pas eu une grande hésitation. Je suis gai, je l'ai dit, et ça fait longtemps que c'est clair pour moi. La seule hésitation que j'ai eue, c'est : « Est-ce que j'ai quelque chose à dire ? » C'était ça ma crainte. Puis je me suis dit : « C'est un témoignage de vie, alors tu n'as qu'à dire ce que tu as vécu, c'est ton opinion... Alors vas-y ! » Et si ça fait plaisir à des gens, tant mieux.

— Je t'ai fait parvenir quelques propositions de questions, est-ce que cela te convient ?

— Je les ai parcourues assez rapidement. Je n'aime pas me préparer à l'avance parce que ça enlève la spontanéité. Je trouve qu'une entrevue, c'est un peu comme une discussion : on ne sait pas d'avance ce que nos amis vont nous dire.

— Je voulais surtout éviter que tu sois mal à l'aise avec certaines questions.

— Moi, des malaises, j'en ai pas beaucoup par rapport à ça ! Si je deviens rouge, j'arrêterai peut-être... (Rires)

— **Pas de malaise? Allons voir... Vers quel âge as-tu senti que tu avais une attirance pour les garçons?**

— Très jeune. Dès six ou sept ans... C'est sûr qu'à cet âge-là, ce n'est pas aussi clair que ça va le devenir à l'adolescence – on ne comprend pas, on est un enfant –, mais aussi loin que je me souvienne, dans ma tête, j'allais avoir un *chum*, j'allais avoir un mari. Je me sentais différent, sans trop savoir pourquoi. Je ne pensais pas aux filles. C'était aussi clair que ça... autant que ça peut l'être dans la tête d'un enfant de cet âge-là.

— **Sur le plan de l'amitié, les filles étaient-elles présentes?**

— Mes meilleures amies étaient des filles. Et un jour, je me suis dit : «Moi aussi, j'aurai un couple» et ce couple, ce sera avec un gars. Même si jeune, ça ne me faisait pas peur. On aurait dit que c'était déjà tellement naturel, ça ne me dérangeait pas.

— **La première fois que tu as voulu montrer tes sentiments, comment pouvais-tu décoder si l'autre garçon était gai?**

— Ç'a été difficile. Je devais avoir quatorze ou quinze ans. Au moment où tous tes amis commencent à avoir des attirances envers un gars ou une fille, toi aussi tu te rends compte de ça : «OK, moi, c'est envers un garçon.» Mais en même temps, tu ne peux pas te lancer comme ça, tu sais. Les premières espèces d'effluves, d'attirance, d'amour, tu ne les as pas de la même façon que tes amis qui sont hétérosexuels parce que tu ne peux pas le dire aussi facilement. Par exemple, si une amie venait te dire : «Ah mon Dieu! Lui, Jean-Marc, je tripe tellement dessus. Y'é tellement *cute!*» Moi, je ne le faisais pas, parce que ce n'était pas avoué, j'avais une crainte d'être rejeté – on sait qu'à l'adolescence, t'as un bouton dans le front puis t'es rejeté, alors... Je gardais ça pour moi. Ce sont des petites peines d'amour que tu vis tout seul, dans ton coin.

Le plus drôle, c'est que je suis sûr qu'il y avait d'autres jeunes gais autour de moi qui vivaient la même chose et je ne m'en rendais pas compte.

— Alors, au début de ton adolescence, tu n'en parlais pas, tu gardais ça pour toi ?

— Oui, mais je trouve que ce n'était pas important de le dire. Tout au long de mon adolescence, le fait d'être gai n'a pas été vécu comme un drame.

— Durant cette période, as-tu eu un confident ?

— Non. Pourtant, j'ai une amie très proche qui m'a tendu deux ou trois fois des perches – mon amie Julie – puis finalement non. Un peu par pudeur, un peu aussi parce que tu ne veux pas être si différent des autres au secondaire. Puis en même temps, ce n'était pas catastrophique, je n'avais pas besoin tant que ça de me révéler tout de suite, donc, j'ai préféré attendre. C'est sûr qu'il y a toujours la peur du rejet, mais ce n'était pas ça qui primait pour moi. J'en avais pas encore besoin. Il fallait d'abord que je règle ça avec moi-même, que je me retrouve là-dedans, que je développe ma vision de ce que je voulais faire puis de ce que j'étais. Mais tu sais, je suis comme ça dans la vie aussi, je fais un ménage avec moi-même puis, après ça, j'en rends compte à tout le monde

— Tu trouves tes propres réponses par ton expérience de vie ?

— J'aimerais te raconter quelque chose qui explique bien tout ça. On remonte au temps de mon secondaire – c'étaient les années 1984-1985 –, l'improvisation était alors très populaire. J'en faisais beaucoup, on m'appelait le King de mon école ! J'étais très bon et j'étais avec des jeunes qui s'intéressaient aux arts. Donc, je me trouvais dans un milieu un peu plus ouvert... et, je ne sais pas pourquoi, mais entre gais on finit toujours par se sentir ou s'en rendre compte lorsque l'autre est gai aussi.

— Par... le regard ?

— Oui, le regard, puis la façon dont on s'exprime. Il y a quelque chose qui fait qu'on se reconnaît... mais c'est jamais aussi clair que de dire : « Ah ! Il dit telle chose ! », ou « Ah ! Il pense telle affaire ! », ou encore « Il s'habille comme ça ! » C'est vraiment un amalgame de plusieurs choses qui fait qu'on sait et on se dit : « Oui ! Lui aussi. » Puis effectivement, il s'agit de deux ou trois regards et on comprend qu'on est du même bord... C'est la version gaie du sixième sens féminin ! Donc, c'est autour de quinze ans à peu près que j'ai vraiment eu une première rencontre avec un gars, qui s'est très, très bien déroulée, qui n'a vraiment pas été catastrophique et là, bien sûr, ce fut une sorte de révélation. Parce que, jusqu'à ce jour, tout était resté théorique dans ma tête, il n'y avait jamais eu de passage à l'acte venu comme valider physiquement ce que j'avais toujours senti psychologiquement. C'est sûr qu'avant, j'avais vécu des petites affaires avec des filles – c'était correct, c'était pas pénible, je ne m'étais jamais sauvé en courant en me disant : « Mon Dieu ! Qu'est-ce que c'est ça ? » – mais jamais j'avais éprouvé ce que j'ai vécu quand j'ai eu mon premier *french* avec un gars !

— Comment ça s'est passé pour toi, lorsque tu as fait ton *coming out* ?

— À l'adolescence, je pense que je ne me sentais pas encore assez solide. Tu sais, quand t'es jeune, tu découvres encore plein de choses, tu changes vite, tu ne sais pas encore trop ce que tu veux faire dans la vie... Alors moi, je n'étais pas pressé avec ça. Mais, à la fin du secondaire, dès mon entrée au cégep, le déclic s'est fait, puis je l'ai dit tout de suite à tout le monde, en une fin de semaine. J'avais dix-sept ans !

— Tu veux dire à tous tes amis et à toute ta famille?

— Oui. Tout le monde, tout le monde, tout le monde. En fait, j'ai fait un test avec une de mes tantes, et comme ça s'est bien passé, j'ai ouvert le garde-robe au grand complet!

— Ça s'est passé comment avec ta famille?

— J'ai été très chanceux parce que ça s'est vraiment bien passé. C'est sûr qu'il y a l'annonce de la nouvelle puis ensuite, il y a les réactions qui sont plus «à chaud», plus directes; ce sont de grosses émotions à vivre sur le coup, mais je n'ai vraiment pas vécu de catastrophes. Je dois dire qu'il y avait déjà une lesbienne et un gai dans ma famille, ce fut donc quelque chose qui a été bien accepté et de très naturel. Par exemple, au party de Noël, ces gens-là pouvaient amener leur conjoint et il n'y avait aucun problème. Et lorsque, à mon tour, je l'ai annoncé, ça n'a pas créé de grands remous.

Je viens d'une famille monoparentale et j'habitais avec ma mère. C'est certain que le plus difficile, c'est de le dire à sa mère ou à son père ou aux deux, selon ce qu'on vit dans sa famille. On veut toujours être approuvé et le premier réflexe qu'on a, c'est de se tourner vers ses parents. Les amis, c'est important, c'est fort, mais il y en aura toujours. On peut se refaire des amis, mais un père et une mère, on en a chacun un puis on tient à eux... Pour moi, en tout cas, c'est très important.

—Avais-tu toujours eu de bons contacts avec tes parents?

— Oui, mais il reste que c'est un gros morceau à lâcher. J'avais dix-sept ans lorsque j'ai dit que j'étais gai. C'était important pour moi de le faire parce que je ne voulais pas vivre dans le mensonge... À dix-sept ans, j'avais commencé à le faire, parce que, vois-tu, je sortais dans les bars… et je disais que j'étais allé à tel endroit quand, finalement, j'étais ailleurs, dans un bar gai... Je trouvais ça très lourd, plusieurs choses à gérer dans tes mensonges, comme de te dire : « Ah ! J'ai-tu dit ça ? J'ai-tu dit que j'étais là ? » Puis tout à coup, il y a un gars qui appelle chez toi et ta mère se demande qui est cette personne... et tu lui dis : « Ben, c'est un ami. » Et à un moment donné, tu te fais cette réflexion : « Oui mais l'ami, il appelle souvent. » Je trouvais ça très lourd à porter. Alors, au moment où je l'ai dit, il y a eu cinquante pour cent de soulagement incroyable : « C'est dit, c'est fait. Maintenant, je vais pouvoir être ce que je suis ! » Puis il y a un autre cinquante pour cent où tu t'aperçois que tu viens de bousculer des choses, tu vois ta mère qui est catastrophée sur le coup... et tu te dis : « Oh ! Seigneur ! J'viens de la ramasser dans le coin. » Elle trouve ça difficile à apprendre et à gérer sur le moment, ça se voit. J'étais vraiment partagé entre « Je viens de chambarder ma mère » et en même temps « Ouf ! C'est fait ! C'est clair ! »

Ma mère a été extraordinaire ! Après le choc, elle a vite décidé de m'accepter comme j'étais et non pas de me rejeter. Et en faisant ça, sans le savoir, elle m'a aidé aussi à m'assumer. Je veux la remercier pour cela. Merci, maman.

— J'ai moi-même deux enfants, une fille et un garçon. Bien sûr que j'ai pensé qu'ils auraient pu être homosexuels. Et je sais que je l'aurais accepté. Mais je sais aussi que j'aurais été habitée par un sentiment de tristesse, à cause des difficultés que mon enfant aurait eu à assumer dans la vie, dans la société, et c'est là que j'aurais eu de la peine, en tant que mère.

— C'est exactement ça ! C'est ce que j'allais ajouter. La première réaction d'une mère est sans doute de dire : « Qu'est-ce que j'ai fait de pas correct ? » Une mère prend le blâme tout de suite. Nous, on a réglé ça très vite, le plus clairement possible de part et d'autre. En fait, la peine de ma mère s'exprimait surtout dans ces mots : « Vas-tu être correct ? Vas-tu arriver à te débrouiller ? Vas-tu être tout le temps montré du doigt ? » Ça aussi, on en a parlé ensemble. Je lui ai répondu : « Ça, ça m'appartient. C'est moi qui ferai ce bout de chemin-là. Oui, tu pourras m'épauler, mais je vais affronter ce que j'ai à affronter ! »

— Lorsqu'on assume son identité gaie, est-ce que parfois, la vie peut devenir plus compliquée ?

— Évidemment. De plus, je suis un enfant unique, alors c'est certain qu'à ce moment-là, ma mère devait mettre de côté son rôle de « grand-moman »... Oui, elle a été touchée, mais ça n'a tellement pas été compliqué chez nous. L'acceptation, c'est par étapes que ça vient aussi... Au début, ma mère a dit : « OK. OK. C'est correct, mais ils viendront jamais chez nous, tes amis. Il n'y aura jamais un gars qui va rentrer chez nous. » J'habitais encore chez ma mère. Je pense que, sur le coup, il y a une réaction de défense puis ce qu'on ne voit pas, ça ne fait pas mal ou, en tout cas, ça fait moins mal. Puis un jour, tout à coup, elle m'a dit : « Ton ami, il pourrait peut-être venir souper ? » Bon, OK, mon ami est venu souper. Puis à un moment donné, j'ai dit : « Ben là, mon ami *peux-tu* dormir chez nous ? Ça devient comme compliqué, tout ça. » « Ah ! oui, c'est correct. » Et tout ça, finalement, c'est une évolution, par étapes... Puis aujourd'hui, il n'y en a plus de problèmes ! On fait même des blagues là-dessus, on en rit, tout ça est désamorcé... Et je pense qu'elle a compris aussi que j'étais capable de me débrouiller dans la vie. Tu sais, à partir du moment où tu es bien avec toi-même, les autres embarquent.

— De la façon dont tu as agi avec ta mère, elle a dû se sentir rassurée !

— Tu ne peux pas demander aux autres d'accepter quelque chose si toi-même tu n'es pas encore capable de l'accepter. C'est impensable. Si tu es bien dans ta peau, si tu vis bien avec ça, les réactions des gens autour de toi sont désamorcées. Les gens n'ont plus d'emprise sur la situation, ça vient de tomber puis tout le monde devient à l'aise. Il n'y a vraiment pas d'autre secret, il faut être soi-même !

— Tes grands-parents, oncles, tantes, cousins, etc., comment sens-tu leurs regards sur toi ?

— C'est un très bon regard. Je n'ai vraiment eu aucune difficulté. Au contraire. Maintenant, je n'ai plus qu'une seule grand-mère, mais à l'époque, j'en avais deux et ça n'a jamais posé de problème. Je n'ai jamais eu de mauvais commentaires comme : « Ah ! On aimerait mieux qu'il ne vienne pas à Noël. On se sentirait plus à l'aise. » Je ne suis peut-être pas l'exemple typique de difficultés dans ce domaine parce que chez nous, tout s'est très bien passé et je me suis toujours senti accepté comme je suis.

— Tu m'as dit tantôt qu'il y avait d'autres modèles gais dans ta famille. Cette situation a sans doute favorisé une ouverture.

— Oui, tout à fait. Mais il reste que c'est à nous de faire le boulot dans le sens de : « Quand je serai bien avec moi, les autres autour ne pourront pas faire autrement. » De toute façon, à la limite de la limite, si *matante* Georgette est mal à l'aise avec ça, ben *too bad, matante* Georgette ! On se verra moins ou on ne se verra pas, mais il n'est pas question que je me censure, que je me mette de côté ou que je n'amène pas mon *chum* quelque part sous prétexte que ça ne plaît pas à quelqu'un. Parce qu'à un moment donné, on n'en finit pas, on n'en sort plus ; puis on a une vie à vivre, et moi, j'ai l'intention d'en profiter au maximum. En souhaitant que *matante* Georgette ne me mette pas trop de bâtons dans les roues !

— **As-tu vraiment une *matante* Georgette dans ta vie?**

— Non. (Rires)

— **Comment vis-tu l'amour et l'amitié, au quotidien?**

— J'ai un savoureux mélange des deux! J'ai beaucoup d'amies filles, mais j'ai beaucoup d'amis gars aussi. Par contre, j'ai peu d'amis gais. Parce que ça m'emmerde. C'est comme une clique. J'ai toujours eu un peu de misère avec ça, les cliques!

— **Est-ce que clique peut rimer avec ghetto?**

— Oui, et ça me dérange énormément. J'ai deux très bons amis gais, ce n'est pas de cela que je parle. Ce que je veux dire, c'est avoir un cercle d'amis gais, du genre : «On est sept gais puis on sort tous les vendredis soirs ensemble.» J'ai jamais vécu ça; j'en ai jamais eu envie non plus, puis toutes les fois où j'ai fait une tentative, ce fut une pseudo-catastrophe. Je ne me retrouvais pas là-dedans, ils finissaient par me taper sur les nerfs! Je ne dis pas que ce n'est pas correct, les gangs d'amis gais, je dis juste que pour moi, ça fonctionne moins.

— **Peux-tu expliquer pourquoi?**

— Il y avait toujours quelqu'un qui finissait par coucher avec un autre, et ensuite, le groupe se refermait... Ça finissait par faire de la *chnoute* qui me dérangeait au plus haut point. Tu vois, Jean-François et Louis, mes collègues des Mecs comiques, sont un bon exemple. Ils sont devenus de très grands amis et, quand on parle de nos couples, il y a bien des affaires qui se ressemblent. Nous avons tous à peu près le même âge, et on se retrouve... J'ai l'impression de me retrouver plus facilement avec eux qu'avec plusieurs gais autour de la table. Si on se retrouve ensemble à un souper, on s'anime, on parle de ce qui nous arrive... On se rejoint! En tout cas, je ne me dis pas : «Ah! Mon Dieu, de quoi il parle? Où est-ce qu'il s'en va lorsqu'il dit telle chose?» Vraiment, pour moi, l'échange a toujours été plus facile avec des hétéros. Et plus je vieillis, plus je me rends compte que gais ou hétéros, on vit plein de choses qui se ressemblent. Alors, ça devient plus des amitiés liées aux gens et non pas à l'orientation sexuelle.

— As-tu des amies lesbiennes?

— Non, j'en ai jamais eu. Je ne sais pas pourquoi. Je les trouve difficiles.

— Malgré certaines similitudes, on m'a dit souvent que vous êtes deux groupes très différents. Sais-tu pourquoi?

— J'ai essayé d'avoir des amitiés de ce côté-là et, de part et d'autre, ça n'a jamais collé. Puis à un moment donné tu te dis : «Ben *cou'donc*! On n'essayera plus!» Il y a vraiment de grandes différences entre les gais et les lesbiennes, mais pourtant, on devrait pouvoir se rejoindre! Je ne sais pas pourquoi c'est comme ça, je ne peux pas l'expliquer.

— J'aimerais avoir ton opinion sur la durée des couples gais.

— Avant, j'avais l'impression que les couples gais avaient les records des relations de couples les plus courtes, qu'on était les rois du *cocufiage* et qu'on baisait à tout vent! Mais je ne crois plus du tout ça! Les hétéros ont fait de gros efforts pour nous rattraper et ils ont réussi! (Rires)

Aujourd'hui, je ne pense plus que ce soit une question de couple gai ou hétéro, c'est une question de couple, point. Si je regarde les couples hétéros qui m'entourent, ils ont les mêmes préoccupations que nous! Tout est une question de choix et de mode vie. Je connais des gais qui sont en couple depuis quinze ans, d'autres qui se *matchent* aux deux minutes, d'autres qui ne vivent que pour le célibat, certains que la cohabitation attire autant que de se faire couper les deux jambes et d'autres qui déménagent après deux semaines de fréquentations. Et on retrouve la même chose chez les hétéros! Les gais veulent des enfants et se marier, les hétéros en ont de moins en moins envie. Et depuis quelques années, les bisexuels s'en mêlent et viennent faire le pont entre tout ça! Aujourd'hui, les couples, ce n'est plus blanc ou noir, c'est la palette de couleurs au grand complet!

Il y a de plus en plus d'hétéros dans nos bars gais. Et pas juste des filles, des gars viennent avec leurs amis gais ou en couple. C'est vrai qu'on a longtemps pensé que les gais étaient les bêtes de sexe les plus *hot* du monde. C'est vrai! On ne donne pas notre place, que veux-tu, je ne peux pas tuer un si vieux mythe! Mais pour être souvent sorti dans des bars hétéros avec des amis, je peux te dire qu'ils n'ont rien à nous envier. J'ai vu des choses dignes d'un film érotique sur le bord d'avoir trois X! Et les filles ont de moins en moins mal à la tête!

—Que penses-tu des rencontres entre gais dans les saunas?

— Quelle grande question et quel grand tabou! Si on demandait à tous les gais s'ils y sont déjà allés, la réponse serait toujours non. Pourtant, les saunas sont remplis tous les samedis soirs et pas vides du tout en semaine. Certains vont te dire que ce sont les hétéros mariés qui viennent s'offrir un petit plaisir interdit. Sûrement. Mais c'est plein de gais aussi. Pour ma part, je n'ai rien contre, pas du tout. C'est comme *cruiser* dans un bar. La seule différence, c'est qu'au lieu de boire comme un trou jusqu'à trois heures du matin avant de se décider à ramener quelqu'un chez soi pour baiser, ça se passe dans un corridor avec une serviette autour des hanches. Ça coûte un peu moins cher! Au lieu que ça se passe dans votre chambre à coucher, vous êtes dans une chambrette sur un matelas en cuirette. Je me dis que tant que ça se passe entre adultes consentants, il n'y a pas de problème. Et encore là, c'est une question de goût. Il y en a que ça branche, d'autres pas. C'est un endroit discret, loin des regards, alors en quoi ça dérange? Si ce n'est pas notre tasse de thé, on passe notre chemin. Je suis très « vivre et laisser vivre » là-dessus!

— La beauté du corps est importante pour les gais, et j'aimerais savoir si vieillir te fait peur.

— Je viens d'avoir trente-cinq ans et, pour la première fois, je me rends compte que je commence à vieillir. Eh oui, ça me fait peur! C'est vrai que le culte du corps est très présent chez les gais, mais je pense que c'est la même chose chez les hétéros. On n'a qu'à regarder les publicités : tout le monde doit être beau et avoir un corps sans reproche! Autant les filles que les gars! Je trouve ça encore probablement plus dur, parce que je fais un métier où on te renvoie continuellement ton image en pleine face! On se voit à la télé, dans les revues. On dirait que chaque petit défaut, chaque changement est visible. Je serais un menteur de première classe si je disais que ça ne me préoccupe pas. Ce n'est pas une obsession, mais soyons franc, mon image fait partie de mon travail, et si je ne faisais pas attention à moi, on penserait de moins en moins à moi pour des contrats. Je trouve qu'on est très sévère avec l'image des gens. On demande la perfection. Même quelqu'un de très performant dans son travail peut être rejeté à cause de son apparence. Et c'est aussi vrai chez les gais, le gars au corps bien ferme et musclé a plus de chances que celui qui a un surplus de poids. Comme si le gars musclé reflétait la virilité absolue, qu'il se rapprochait du modèle hétéro!

J'ai peur de vieillir, mais c'est un processus irréversible, alors vaut mieux l'apprivoiser du mieux qu'on peut et c'est ce que je veux faire. Cela dit, je ne suis pas contre les petits coups de pouce de la chirurgie esthétique. Je n'en ai jamais eu mais je ne peux pas dire que je n'en aurai jamais ! Quand on le fait pour soi, pour se sentir mieux dans sa peau, je dis : Pourquoi pas ? Il faut juste éviter l'abus qui peut devenir risible. On ne peut pas avoir soixante-sept ans et avoir la peau du visage lisse comme une fesse ! C'est drôle, je dis « quand on le fait pour soi », mais en même temps, on évalue souvent notre propre physique à l'aide du regard des autres et de ce qui est socialement reconnu comme la norme de la beauté... C'est là où ça devient pervers. C'est difficile de faire la part des choses. C'est vraiment pour nous et pour les autres. En tout cas, une chose est certaine, c'est pas toujours évident de vieillir !

— Est-ce que tu as choisi ta vie professionnelle (humoriste, comédien) en te disant que ce serait peut-être plus facile pour toi ?

— Devenir humoriste et comédien, ça n'a rien eu à voir avec mon orientation sexuelle. C'est vraiment par envie, par goût. Parce que je voulais faire ce métier plus que n'importe quoi d'autre ! Je voulais faire rire. Il n'y a rien de plus magique qu'un public qui rit, ça donne des frissons qui frôlent l'orgasme ! Je n'ai jamais pensé non plus que ce serait plus facile. Au contraire, même après dix ans de carrière, j'ai encore souvent le syndrome de l'imposteur. Je pense que je suis là par accident, que je n'ai pas tout le talent qu'il faut. Que les gens m'engagent par erreur ! Et qu'un jour, ils vont s'en rendre compte ! Quand je me retrouve sur une scène ou à la télé et que je travaille avec des gens que j'admire, je n'en crois jamais mes yeux, je me sens privilégié et j'ai toujours l'impression de ne pas être à ma place dans le groupe. Mais je fais du mieux que je peux pour être à la hauteur! Comme dans plein d'autres métiers, rien n'est acquis. Je pense qu'il faut toujours travailler fort. Pour moi, il y a vingt-cinq pour cent de talent et soixante-quinze pour cent d'efforts. Je serais très prétentieux de dire que c'est facile! Et l'effort amène le dépassement. Je pense qu'avec les efforts qui rapportent, vient un sentiment de satisfaction personnel très fort et une impression de travail accompli. Et quand, même avec les meilleurs efforts du monde, on se pète la gueule, eh bien, on s'assit par terre, on pleure un bon coup, après quoi on commence à en rire, puis on se relève et on repart la machine!

Même dans le milieu des arts, j'ai eu à ouvrir des portes, à faire mes preuves, à remettre des gens à leur place. Mais ça, c'est correct, tout le monde fait ça dans la vie. Je ne suis pas meilleur ou mieux placé qu'un autre. C'est drôle à dire, mais les hétérosexuels ont souvent la même façon de procéder, surtout les gars. Les techniciens par exemple, ceux qui s'occupent des fils et des spots, sont très «hommes», très «testostérone»... Ils ont toujours besoin de venir me faire deux ou trois blagues de *tapettes*. Là je ris, bien sûr, je sens que ça les met à l'aise. Ils ont besoin de venir me tester, pour voir jusqu'où je suis capable d'aller, sauf que moi, je vois toujours l'inverse. Je me dis: «Si toi, tu t'en permets, moi, je vais t'en faire aussi, des blagues sur les hétéros.»

— Pourrais-tu me citer une de tes bonnes blagues sur les hétéros?

— Je vais te donner un bon exemple: une comédienne arrive sur un plateau de tournage; les techniciens se regardent, et se disent: «Oh! Wow! Belle paire de fesses!» Alors moi, je me permets – surtout s'il y a un technicien à côté de moi – de lui dire: «Toi aussi t'as une belle paire de fesses!» Et à un autre, je peux lui dire: «Toi, méchante paire de cuisses à matin.» Tu vois, ça renverse la vapeur, puis on dirait que sur le coup, ces gars-là se disent : «Ah mon Dieu! Moi aussi j'viens de me le faire faire.» À ce moment-là, je m'aperçois que ça désamorce les choses, la glace est cassée et ensuite, on peut commencer à travailler. On est passés à autre chose. Mais il y a ce moment-là qu'il faut vivre... C'est comme deux lutteurs qui se regardent un peu et qui réfléchissent : «C'est quoi son point fort? C'est quoi son point faible? Jusqu'où je peux aller?» Un coup que c'est établi, c'est correct.

— Lorsque l'affrontement est rendu à égalité, l'autre est accepté dans le groupe de travail, c'est ça?

— Oui. C'est ça! Après cet affrontement, on peut être à l'aise tout le monde ensemble.

Mais je ne dirais pas que c'est nécessairement plus facile de s'assumer dans le milieu des arts. La preuve, c'est que je connais plusieurs artistes qui ne diront jamais qu'ils sont gais sous prétexte qu'ils ont peur de perdre des contrats, ou leur public... Si on fait le tour de tous les comédiens, de tous les chanteurs et chanteuses, tous les gens qui travaillent dans le domaine des arts, ceux qui l'ont dit par rapport à ceux qui ne le disent pas, il n'y en a vraiment pas tant que ça. Et ça, c'est vraiment triste.

— Au fil de mes entretiens, je me rends compte à quel point il est important pour les jeunes gais d'avoir des modèles forts, des modèles qui ont réussi dans la vie, de pouvoir dire : «Regarde ce chanteur, ce comédien, ce politicien, il est merveilleux, je l'adore, et il est gai!»

— Oui! Tout à fait! Tout à fait! En plus, je me dis ceci : «Oui, on fait un métier extraordinaire, super-stimulant, très beau, mais on a aussi une vie à travers ça.» Je ne pourrais pas m'imaginer dire à mon *chum* : «Nous allons au restaurant, mais il faut faire attention pour ne pas se faire voir parce que tout à coup je tomberais sur mon producteur qui ne le sait pas, il va être en maudit... » Heille ! C'est lourd ça ! Il n'y a aucun plaisir là-dedans ! Puis c'est niaiseux parce que souvent – moi c'est ce que j'appelle une « discussion de cafetière », près de la machine à café au bureau –, quand on se doute que quelqu'un est gai, il y a une discussion. Les gens disent : « Ah ! J'pense que lui, il l'est. On ne le voit jamais avec une blonde. » Moi, cette discussion-là, ils ne me la font pas parce que c'est fait, c'est réglé, donc c'est bien moins pire. Un coup que c'est fait, tu finis par t'en foutre. Tout le monde a passé par-dessus et c'est terminé. On dirait que de maintenir le silence, ça prend des proportions tellement grandes, parfois presque gênantes : « Ah, il paraît qu'elle, oui... Il paraît que lui... » Pour moi, toute cette partie-là est évacuée !

— D'après toi, qu'est-ce qui aiderait à améliorer l'image du milieu gai ?

— J'aimerais qu'il y ait plus de positivisme. Souvent, lorsqu'on entend parler des causes gaies, c'est très négatif. Ou, en tout cas, il y a une part de négativisme qui me gêne beaucoup. Par exemple, dans le *Journal de Montréal* ou *La Presse,* on voit des titres tels que : « Les gais se suicident » ; « La vie pour les gais, c'est difficile », etc. C'est important d'en parler parce que oui, c'est difficile pour certains, et il faut aider ces gens-là. Mais il faut aussi montrer l'autre côté des choses, le côté positif, parce que ça existe. Pour un jeune de quatorze ans qui habite en Abitibi ou en Gaspésie – ou ailleurs que dans les grands centres – et qui entend seulement : « Oh ! que c'est difficile la vie pour les gais ! Oh ! il y en a beaucoup qui se suicident ! », effectivement, il aura peut-être envie de descendre dans son sous-sol puis de se passer une corde au cou.

C'est important pour moi et chaque fois que j'en parle, je me dis : « Je veux dire qu'on peut être bien quand on est gai, qu'on peut vivre aussi normalement que n'importe qui, on peut ressentir de grands bonheurs, de grandes joies si on est bien avec soi. On peut entrer en interaction avec n'importe quel hétérosexuel puis y en aura pas de problèmes. Et ça, je trouve que ça manque : on ne parle pas assez de cet angle et ça m'achale énormément !

Quand on me dit : « Pourquoi dire qu'on est gai ? Pourquoi faire son *coming out* ? C'est-tu vraiment nécessaire ? » Non, c'est vrai que ce n'est pas une nécessité absolue. Mais je ne peux pas m'empêcher de penser que plus de gais le diront, plus les gens seront à l'aise. Et c'est en accumulant les images positives des gais que les jeunes auront peut-être moins peur d'être gais et moins envie de se suicider. Plus on verra des animateurs de télé, des journalistes, des avocats, des policiers, des boulangers, des chauffeurs de camion, des infirmiers le dire, plus on sera débarrassés de cette espèce de honte. Parce qu'il ne faut pas avoir honte de ce qu'on est, jamais ! Et pour moi, se cacher, c'est un peu avoir honte de soi.

— As-tu déjà vécu une situation où tu as dû t'impliquer davantage pour te défendre en tant que gai ?

— Oui, c'est déjà arrivé. Je suis quand même quelqu'un d'assez ouvert, je ne suis pas une personne qui se choque facilement et qui s'emporte... Mais, à un moment donné, lors d'une émission à sketchs, on avait fait un numéro où un policier tabassait un gai. Ce qu'on voulait dire dans ce sketch, c'est que les policiers sont morons et tapochent n'importe qui, pour n'importe quelle raison. C'était notre message, de façon humoristique. Et le Conseil de presse gai a fait une plainte en disant : « On a battu les gais. On l'a appelé le *fif*. On ne veut plus ça. » Cette plainte avait été envoyée à TQS, chez Avanti – notre maison de production – et à nous, Les Mecs comiques. Je n'ai vraiment pas apprécié ce geste. J'étais vraiment en maudit parce que je me disais – et je dis ça, vraiment, sans aucune prétention et sans aucune arrière-pensée – «Crime! Je suis un gai qui s'affiche, qui est en rapport constant avec deux hétérosexuels qui sont ses amis, ces derniers font des blagues sur les gais, et moi, j'en fais sur les hétéros en leur tapant sur la tête puis en leur montrant leurs travers, et les premières personnes qui nous tombent dessus, ce sont les gais!» Ça m'avait vraiment blessé et déçu. Par la suite, je leur avais écrit une lettre en leur disant que je trouvais ça vraiment dommage, et que si aujourd'hui, en 2001, nous, les gais, on s'accroche sur le mot *fif*, ben on est pas sortis du bois parce qu'il y a beaucoup de chemin à faire... Si c'est ça qui nous bloque, ben *christi*! On a encore pas mal de croûtes à manger avant qu'il se passe de quoi!» J'avais été très choqué par cet épisode-là.

— Lorsque des personnes sont blessées par des événements extérieurs, parfois, ça les bloque et elles ne s'expriment pas... toi, en plus de le dire, tu as agi.

— Je vivais vraiment une rage à cause de cet incident; ça s'est passé au moment où les gens commençaient à militer pour le mariage gai, l'acceptation, les droits, etc. Je me suis dit ceci : «Si on a la prétention de demander à des gens de nous accepter tels qu'on est, sur un pied d'égalité, et qu'entre nous, on n'est pas capables de le faire!» Commençons par nous autres, puis après ça on ira dire au reste du monde : «Oui, on veut avoir les mêmes choses, les mêmes droits, comme tout le monde!» J'avais été très offusqué de ça, mais c'est à peu près la seule fois où j'ai vécu un sentiment négatif. Sinon, j'ai vraiment reçu de très beaux messages... beaucoup de mots venant d'hétérosexuels! Plusieurs jeunes gais aussi m'ont envoyé des courriels. À ce moment-là, le trio des Mecs comiques faisait plusieurs spectacles sur scène, donc le contact avec les gens était plus direct. Plusieurs jeunes sont venus me dire : « Tu m'as aidé à m'accepter. » Et des parents m'ont confié : « Ça fait du bien de voir un gai en relation avec deux hétérosexuels. Ça nous a fait comprendre que oui, ça se peut, c'est possible. » Chaque fois que je fais quelque chose, je ne me dis pas : « OK, ça va aider les gens. » Mon boulot, c'est d'abord de faire rire et de divertir, puis si je contribue à donner ce petit plus à la cause gaie, en toute modestie, je trouve ça super !

— On m'a déjà dit qu'il y a des gais qui ont des blondes juste pour le *front*, c'est vrai ça ?

— Oui, c'est vrai, mais moi, j'en voudrais pas.

— Donc, tu n'as jamais joué à faire semblant ?

— Non, jamais. J'aurais pas pu – j'ai trop ce côté honnête – parce que travailler en humour, c'est fragile. Je ne me serais pas vu faire du *stand-up* en disant : « Hier soir, ma blonde est arrivée à la maison en maudit. » Ça n'aurait pas passé parce que je n'y aurais pas cru et que donc les gens dans la salle n'y auraient pas cru non plus. J'avais pas envie d'embarquer là-dedans. Dès le départ pour moi, c'était très clair.

— Tu as incarné un personnage gai dans un message publicitaire à la télé pour Loto-Québec. Je crois que c'était le premier rôle gai dans un message publicitaire, en tout cas, si clairement identifiable.

— Oui, tout à fait.

— Tu es le premier, Alex, c'est touchant, mais nous étions tout de même à ce moment-là en 2005 ! ! !

— Sur le coup, je ne me suis même pas arrêté à ça ! Ma gérante m'a appelé pour me dire que Loto-Québec avait pensé à moi. Leur concept était bâti sur des personnalités connues. Par exemple, il y avait Sonia Vachon, et elle jouait vraiment son propre rôle, et non celui d'un personnage. Ce fut la même chose pour Claude Blanchard, Patrick Huard et moi-même. On était juste nous-mêmes. Sur le coup, je me suis dit : « Ah ! C'est génial cette façon de faire une pub ! » C'est vraiment après, lorsque j'ai lu un papier dans *La Presse* où on disait que c'était la première fois qu'on voyait ça, c'est là que, tout à coup, j'ai réalisé l'ampleur de cette publicité ! C'est sûr que je l'avais perçu, mais je ne m'étais pas arrêté à l'impact que ce message pouvait doublement lancer. D'autant plus que c'était Loto-Québec, une institution qui est quand même assez rigide, qui s'adresse à un vaste public... Bref, ce n'est pas une annonce de bière où on retrouve des gars et des filles en maillot de bain sur le bord de la piscine et où on saute à l'eau ensuite, tu comprends ? C'était une pub de loterie, ça appartient au gouvernement, donc, avec une certaine implication sociale.

— Et toi, Alex, tu as justement été ciblé pour représenter le milieu gai.

— Exact ! On commence à penser aussi à nous comme clientèle cible... comme on pense à la femme enceinte, par exemple. C'est un autre petit pas qui nous amène vers l'acceptation !

— Je trouve ça rassurant.

—En effet, parce que tu te dis : « Ben *cou'donc !* On fait vraiment partie du reste de la société. On ne vit pas quelque chose en marge, on est dedans. »

— Comment as-tu vécu cette expérience, sur le plateau de tournage ?

— J'ai trouvé ça super-intéressant. Autant les gens de la boîte, les concepteurs de la pub, que les gens de Loto-Québec qui étaient là le jour du tournage, tous étaient très à l'aise, très ouverts. À aucun moment je n'ai senti que, tout à coup, quelqu'un aurait pensé : « On est-tu en train de se tromper... ? » Vraiment pas. Tout le monde était très solidaire là-dedans, inutile de te dire que j'ai trouvé ça très stimulant.

À un moment donné, j'ai eu une idée que j'ai proposée au tournage puis tout à coup, j'ai craint que les gens se disent : « Oh, mon Dieu ! On est en train de se mettre les pieds dans le plat ! » Ce n'est pas arrivé. Tout le monde est allé dans le même sens et j'ai été très heureux.

— Peut-on reconnaître un gai par des signes extérieurs ?

— Il y a quelque chose dans le regard. Je ne pourrais pas te dire : « C'est parce qu'il se brasse les fesses » ou « C'est parce qu'il penche la tête du côté droit », mais en même temps, ça pourrait être ça. Tu comprends, c'est comme un tout qui fait que, tout à coup, tu sais !

— Oui mais il y a des hommes qui ont beaucoup de féminité en eux et qui ne sont pas gais pour autant... Alors, comment savoir vraiment ?

— Effectivement ! Il y a toute cette nouvelle vague de métrosexuels, d'hommes roses qui viennent chambarder nos affaires ! On est tout mêlés ! Mais encore là, c'est vraiment un ensemble de choses qui fait que, tout à coup, il y a une affinité, quelque chose qui clique.

— Donc, en ce qui concerne les comportements gais, ils sont innés d'après toi, ce ne sont pas des attitudes qui s'apprennent avec le temps ?

— Pour moi, c'est inné. Ça ne s'apprend pas. C'est là, c'est tout. Et on peut combattre son homosexualité de toutes ses forces, ça ne changera rien. On peut la camoufler, se mentir, l'enfouir au plus profond de soi, sans jamais la faire disparaître. Par exemple, si j'entre dans une réunion où il y a dix personnes, s'il y a un gai, je vais le *spoter* en entrant. Je vais le savoir instantanément, mais je pourrais pas te dire : « C'est pour ça, ça, ça, et ça. » Tout à coup, ça clique, il y a un petit regard, tu fais comme « Ah oui ! », puis c'est fait. On le sait.

— Les plus jeunes, comment font-ils pour se reconnaître ?

— Plus jeune, c'est certain, ce n'est pas toujours évident. Je pense qu'à l'adolescence, on n'a peut-être pas l'antenne aussi affûtée ! (Rires) Mais je pense qu'il y a déjà un début.

— Quelle est ton opinion à propos des enfants dans un couple gai ?

— C'est une préoccupation que j'ai eue, autour de la trentaine. Avant ça, moi, les enfants, c'était clair que je n'en voulais pas. Puis, à un moment donné, tous mes amis autour qui ont à peu près le même âge se mettent à pondre des enfants allègrement ! Je me suis dit : « Suis-je en train de rater quelque chose d'extraordinaire ? »... et l'idée te revient, plus fortement encore : « Est-ce que j'pourrais ? J'devrais-tu ? » Et tout le questionnement qui vient avec... Mais je n'ai pas encore la réponse. Je suis très ambivalent dans le sens où je me dis : « Oui, je pourrais très bien élever un enfant au même titre que mes amis, tout seul ou en couple. » Je pense que j'ai les capacités et le bagage pour élever un enfant. Mais en même temps, il y a un autre côté de moi qui dit : « Je suis gai, je l'assume, j'ai fait mon choix, mon copain aussi, on a décidé de vivre ensemble. C'est nous qui avons fait ce choix-là. Un enfant arrive et tu lui imposes ce choix. Je crois que tant que l'enfant vit à la maison, ça va... mais après ? »

— **Tu crains de faire un choix égoïste ?**

— C'est ça. Un jour, cet enfant-là, il va aller à la garderie, à l'école et, tout à coup, il va se rendre compte que sa famille est différente, les autres enfants vont lui dire qu'il est différent... et là, je vais sûrement me dire : « C'est moi qui lui ai imposé ça. L'enfant, lui, il n'a pas choisi ça et il risque d'être mal à l'aise là-dedans. »

— **Mais toi-même, tu ne l'as pas choisi non plus : tu es né comme ça...**

— Je le sais, mais moi, je vis avec et c'est mon choix...

— **Mais peut-être que tu pourrais apporter beaucoup à cet enfant-là aussi...**

—Peut-être... Il y a tout cet aspect aussi...

— **Lorsque j'ai fait ma recherche avant de commencer mes entretiens avec vous tous, on m'a dit ceci : « Tu vas voir, ce sont les lesbiennes qui vont te parler d'enfants ; les gars, eux, vont te parler davantage de baise. »**

— Ah !

— **« Et les gars, les enfants, ça ne les intéressera pas ou ça les intéressera peu. » Alors, ce que tu me racontes, eh bien, je trouve ça génial ! Mais en même temps, je comprends ta crainte face à ce choix important. Les hétéros font parfois des choix qui peuvent être égoïstes au départ, et par la suite, ça peut changer.**

— Oui, oui, oui. Tout à fait. Je connais des personnes gaies avec qui j'ai déjà travaillé, qui étaient un peu plus âgées que moi et qui, pour diverses raisons, se sont retrouvées à élever des enfants. Et aujourd'hui, ces enfants-là sont très équilibrés et ils ne sont pas gais pour autant. Beaucoup de personnes ont cette crainte : « Si des gais ont un enfant, il risque de devenir gai aussi. » Mais ça n'a rien à voir. Tu sais, je les ai rencontrés, ces enfants, et ils sont très épanouis. Et là, tu te dis : « Ça marche ! », mais en même temps... j'ai toujours cette crainte-là... Je trouve que c'est un choix tellement important.

— Et ton *chum*, il serait d'accord ?

— C'est sûr. Mais c'est un choix très important !

Quand tu décides d'adopter un enfant, tu ne peux pas, au bout de six mois, de deux ans, dire : « Ah ! Je me suis trompé ! On va le redonner. » (Rires)

— Donc, tu y penses.

— Oui. Mais je n'ai pas de réponse encore.

Je pense que les enfants, ça devient de plus en plus une préoccupation pour les gais. On voit de plus en plus de gais qui entreprennent des demandes d'adoption ou qui y pensent. Depuis que l'union civile existe, ça aide pour ce genre de démarches. En tout cas, autour de moi, je sens une réflexion à ce sujet.

— Qu'est-ce que tu penses de l'union civile et du mariage gai ?

— Le mariage, ce n'est pas quelque chose qui me touche, mais je ressens la même chose envers mes amis hétérosexuels qui se marient. C'est un choix. Je n'ai pas besoin d'un papier pour dire que j'aime, mais je peux très bien comprendre qu'on ait envie de rendre une union officielle de cette façon-là. Je n'ai aucun problème avec ça.

Par contre, pour ce qui est de l'union civile, je trouve ce geste vraiment important, parce que ça clarifie légalement les droits et les acquis. J'ai connu quelqu'un, il y a peut-être une dizaine d'années, dont le conjoint est mort dans un accident puis, tout à coup, la moitié du condo finit par se retrouver entre les mains de la mère de son *chum*... Ça, c'est dur parce que tu as plein de souvenirs et, soudainement, tout part en fumée et tu n'as aucun recours ! Alors l'union civile, moi, je trouve que c'est très important.

— **Tu as abordé un peu le sujet tantôt, mais j'aimerais que tu élabores un peu plus sur les *jokes* plates sur les gais.**

— On peut les assumer. C'est pas grave. Faut arriver à en rire nous autres aussi. Tu sais, il y a des gais qui font des blagues sur les grosses. C'est pas plus gentil. Si tu te permets de rire de quelque chose, il faut avoir l'ouverture de prendre les blagues sur toi aussi, sinon, tu te sens *cheap*! Le fait que je sois humoriste oriente sans doute mon opinion sur le sujet. Fais-moi-z-en une *joke* plate de *tapettes* si ça te tente ! J'en fais moi-même des pas pires sur les hétéros, sur les nains, et ce n'est pas grave.

— **Mais ça peut vraiment blesser parfois, non ?**

— Ah ça, c'est certain !

— **Quand tu découvres que tu es gai, puis que t'entends des *jokes* sur les *tapettes*... ça n'aide sûrement pas à t'épanouir ?**

— Peut-être. Mais à l'inverse, comme je te le disais, on fait des blagues aussi sur les grosses. Je ne pense pas que celle qui a un surplus de poids, ça lui tente plus de se faire dire « Gros cul ! ». Je crois qu'il faut le retourner à notre avantage et dire : « Je suis capable de le prendre, ça ne me brime pas. Ça ne m'empêche pas d'être une bonne personne. Ça ne m'empêchera pas de m'épanouir, c'est une BLAGUE!» On ne t'a pas mis la tête sur l'échafaud.

— Et l'homophobie, la haine des gais? Là, nous passons à un autre degré...

— Oui, là, c'est autre chose! Il y a une différence. Si on fait une blague pour blesser quelqu'un, le rabaisser, pour lui taper sur la tête, ce n'est pas drôle, effectivement. Je ne suis pas d'accord avec le manque de respect. Je condamne tout à fait ces gestes. Tout est une question de dosage et de respect!

— Que penses-tu des événements gais, la Fierté gaie par exemple?

— Je ne suis pas quelqu'un qui participe beaucoup à ce genre de manifestation, mais elles ont une certaine importance parce que souvent, ça remet sur la table des questions qu'on a peut-être un peu perdues de vue. Il y a un sens de la fête aussi, qui est la fête pour la fête, de la même façon qu'il y a un défilé pour la Fête nationale, un défilé pour le père Noël pour faire plaisir aux enfants... À partir du moment où tu fais partie d'une minorité, ça fait du bien de se retrouver, de fêter ensemble parce que, le reste du temps, tout le monde se retrouve dans son coin. Pendant ces fêtes, pour un court moment, tout le monde fête ensemble et partage quelque chose de commun. Ça, je trouve que ça fait du bien et c'est très sain de le faire.

— Pendant ces fêtes, on voit souvent des travestis, des trans-sexuels et des *drag queens*.

— Oui, et il y a les bisexuels maintenant... Ça fait beaucoup de genres différents!

— **Au cours de ces fêtes, les médias ciblent davantage les** *drag queens* **et les travestis. Ce sont surtout eux qu'on voit dans les défilés…**

— C'est ça le problème. Parce que c'est sûr que le lendemain matin, dans le *Journal de Montréal*, c'est de ces gens qu'on va parler. C'est pas mal plus intéressant pour les médias de montrer une *drag queen* avec d'énormes tétons et un gars à moitié nu, qu'un petit couple de Saint-Hubert qui a l'air ben ordinaire. Le petit couple aurait beaucoup moins d'impact. Alors, c'est certain que ce sont les personnages les plus colorés, les plus visibles que les médias nous montrent. Le petit couple de Saint-Hubert, il est aussi là pour fêter, de la même façon que la *drag queen*. Mais, en même temps, on peut la montrer, la *drag queen*, parce qu'elle fait partie aussi de cette enveloppe-là. Tu ne peux pas la mettre de côté non plus, elle existe ! Tu sais, c'est très difficile de trouver le juste milieu dans tout ça. C'est sûr que le lendemain, aux nouvelles de TVA, de TQS, de Radio-Canada, on nous montre le défilé avec celle qui a une plume dans le derrière. C'est certain que c'est ça qu'on va voir. Mais il n'y a pas que ça. Sauf que la madame qui est chez elle, qui n'est jamais allée à ce défilé, qui connaît très peu le milieu gai, c'est juste ça qu'elle voit et elle se dit : « Les gais, ce sont des gens qui se mettent des plumes dans le derrière et qui sortent avec des grosses madames avec des faux seins. » J'exagère, là, mais c'est difficile, après les exemples que je viens de donner, de faire la part des choses.

— **N'y aurait-il pas moyen que ces fêtes soient pensées différemment ? de diriger les médias de façon à ce qu'ils nous montrent d'autres facettes de la réalité gaie ?**

— J'ai déjà animé le défilé une année, avec Pénélope McQuade. Nous avions fait un effort particulier pour mettre en valeur tout ce qu'il y avait d'organismes communautaires, d'associations, de rassemblements pour justement dire : « Oui, il y a la fête en bobettes, mais il y a aussi tous ces gens-là, des parents mono-parentaux, des pères, des mères, des associations de jeunes, des associations italiennes gaies... » Tu sais, les gens ne savent pas nécessairement que toutes ces associations et tous ces groupes existent. Pénélope et moi voulions dire : « Regardez-les, voyez ce qu'ils sont, ils existent ! » Ça s'est super bien passé et j'ai vraiment adoré l'expérience du direct ! Le public était merveilleux et je recommencerais n'importe quand !

— Savais-tu que la ville de Montréal a été élue destination gaie par excellence ?

— C'est vrai qu'ici, à Montréal, c'est très bien accepté. Il n'y en a pas beaucoup d'autres défilés gais où l'on voit des familles de Longueuil avec leurs poussettes qui participent à ces fêtes ! Les gens sont bien quand ils viennent ici, et pas uniquement dans le Village gai. Les gais sont très bien reçus, que ce soit dans l'ouest de la ville, au Stade ou au Jardin botanique. Partout sur l'île quoi !

— Alex, j'aimerais que l'on termine cet entretien par un message ou un sujet qui te tient à cœur. C'est ce que j'appelle ma question ouverte.

— J'en ai parlé un peu tantôt, mais j'aimerais aller un peu plus loin parce que c'est vraiment important pour moi de donner de nous des images positives. Par exemple, l'arrivée d'un homme politique gai, André Boisclair, est une belle évolution de notre image dans la société en général. Je suis extrêmement fier de ça, et très heureux.

— Ça prenait une dose de courage, je n'en doute pas, pour un homme qui se présentait en politique – pour un poste important en plus – de révéler qu'il était gai !

— Oui, en effet. Je suis content parce que c'est quelqu'un d'intelligent qui, je pense, peut faire de l'excellent travail au sein du PQ. Il a eu l'audace de dire qu'il était gai, malgré la fragilité possible de l'opinion publique... Je trouve ça vraiment extraordinaire. Lorsqu'on le voit entouré des gens qui l'appuient, ça me fait du bien, et ça valorise aussi notre image à tous !

— Il a l'air bien et à l'aise avec lui-même, cet homme-là.

— Et avec des personnes de toutes les générations, de tous âges, et ça me fait énormément plaisir. Il est vraiment un exemple pour tous. C'est important pour les jeunes d'aujourd'hui comme pour ceux qui découvriront éventuellement qu'ils sont gais, qu'ils sachent qu'on peut être super-heureux, bien dans sa peau et exercer n'importe quel métier. Je ne souhaite pas qu'un jeune se dise qu'il est limité parce qu'il est gai. Il n'en tient qu'à nous, on peut faire n'importe quoi, on peut obtenir n'importe quelle job, on peut aller sur la Lune, sur Mars...

Souvent, à force de se dire : « Ah ! On est mis de côté... », la peur s'installe, tu te refermes et tu ne vas pas au bout de tes espérances, de tes ambitions, de tes limites. Moi, je sais que rien ne peut nous arrêter. On a les mêmes capacités qu'un hétérosexuel. On part tous sur le même pied.

Je dis tout le temps : « Si vous rencontrez un hétérosexuel qui vous met des bâtons dans les roues ou qui vous lance un mauvais commentaire, ne perdez pas d'énergie à lui répondre. Prenez cette énergie-là, mettez-la plutôt à lui montrer que vous allez être meilleur que lui ! » (Rires) C'est cette image qu'il faut changer, et qui commence à se modifier. Alors, les images positives qu'on voit tout autour de nous, je trouve ça stimulant, il faut s'en servir pour aller encore plus loin. C'est ça, le plus important.

Lorsqu'on a quinze ans, qu'on prend conscience qu'on est différent et qu'on se dit : «Est-ce que je serai tout seul toute ma vie?», c'est bête. On le sait pourtant que ça existe les gais et les lesbiennes. Malgré tout, quand ça t'arrive, t'as l'impression que t'es tout seul au monde. Mais ce n'est pas vrai! Et oui, crois-moi, tu vas pouvoir faire n'importe quoi dans la vie!

— Je suis très émue de ce que tu viens de me confier, Alex. Merci beaucoup!

— Ça m'a fait plaisir. On a hâte de lire ça!

Témoignage d'un prof

Le monde universitaire dans lequel j'ai évolué professionnellement durant une dizaine d'années, à titre de chercheur et de chargé de cours, est certainement un des milieux de travail les plus ouverts et les plus éveillés à la situation des gais, un des milieux les plus prêts à les accueillir parmi les siens. Pourtant, même dans ce contexte théoriquement idéal, je n'ai pas jugé expédient de m'afficher ouvertement comme homosexuel. Pourquoi ? Parce que cette théorique ouverture d'esprit n'est toujours, eh oui ! que théorique, et je n'avais pas nécessairement, sur cet aspect particulier, l'âme d'un chercheur scientifique toujours prêt à vérifier la véracité de la théorie par un quelconque essai de laboratoire pour lequel je devenais et le responsable de l'expérience et le rat sujet d'observation. Si la théorie s'était révélée finalement fausse, l'expérience eût été fatale et pour le rat et pour le chercheur. Le risque ne valait pas ce petit pas dans l'avancement du savoir à l'intérieur du champ de la connaissance du comportement humain.

Le danger était d'ailleurs d'autant plus grand que mon université n'était pas montréalaise, où la théorie avait de plus grandes chances de se vérifier. Dans l'expression « université régionale », le qualificatif est, en l'espèce, plus déterminant que le substantif :

le fait d'être en région l'emporte sur le fait d'œuvrer dans une institution de haut savoir. Sans compter que la région en question est fortement rurale et anglo-saxonne, deux qualificatifs qui rendent ladite région et les gens qui l'habitent «théoriquement» moins réceptifs aux différences en matière de mœurs et de moralité.

Sauf qu'un jour. Ou plutôt un soir. Un soir d'hiver. Un soir de tempête qui se lève sur la fin de la journée. Une tempête qui vient avec le vent qui jette sur la route cette chose blanche et mouillée qui rend la chaussée glissante. Qui colle au pare-brise de votre auto des cristaux dont on a peine à admirer la beauté et la pureté, entraves qu'ils sont à la visibilité. Ce soir-là, Montréal et les bars de son Village gai sont trop loin pour s'y rendre comme il avait été projeté. L'envie de sortir, nourrie depuis quelques jours, se satisfait alors mal des appels à la tempérance lancés désespérément par la raison. Dans l'échangeur, la voiture s'engage quasiment de sa propre volonté dans la bretelle qui mène à l'autoroute. Quelques kilomètres suffisent pour que la raison se fasse soudain entendre. Qu'à cela ne tienne, l'envie finit toujours par l'emporter. Cette fois-ci, elle aménagera une voie de sortie. Se résigner au petit bistrot gai local, bien qu'il n'offre ni l'exaltation des institutions montréalaises ni leur anonymat.

Danger. Danger. Danger. Comme l'aurait dit le robot du petit William perdu dans l'espace de mon enfance télévisuelle. Pas plus que le docteur Smith, je n'écoute l'avertissement.

Faire fi des feux clignotants qui marquent la route jusqu'au petit bistrot. Y entrer. S'y attabler. Consommer une première bière. Tout à coup, une présence insistante sur la gauche. L'épaule sent une main se poser sur elle. Derrière la main, la tête d'un collègue. Feindre alors l'aisance et l'inviter à s'asseoir. Se sentir bien dans ses baskets malgré cette rencontre impromptue, voire importune. Affecter l'agréable surprise même si la surprise l'est beaucoup plus que l'agréable. Prendre une deuxième bière pour ne pas avoir l'air de prendre la poudre d'escampette. Et prendre la tempête comme prétexte pour ne pas s'attarder trop longtemps. Pour qu'un 5 à 7 observe respectueusement son appellation. Sortir enfin du bistrot. Fuir en se disant «Fiou, ça aurait pu être pire, j'aurais pu tomber sur un de mes étudiants.» Le collègue est discret; du moins, son orientation sexuelle n'alimente pas la rumeur des couloirs de la fac. Espérer que sa discrétion sur sa situation s'étendra jusqu'à la mienne. Espoir beaucoup moins convaincant dans le cas appréhendé d'un étudiant.

Si les étudiants le savaient, sur quel critère croiraient-ils que je choisis mes assistants de correction et de recherche? La rumeur n'a pas besoin de mes mœurs pour partir en peur. Trotte dans mes souvenirs ce que l'on a dit de la collègue qui, un peu éméchée après un trop arrosé party de Noël, aurait été vue en train de *frencher* une de ses étudiantes à la maîtrise à la sortie d'un bar du centre-ville. Vaudrait mieux retenir la leçon la prochaine fois que me viendra l'idée d'une bière au petit bistrot gai. La précarité de ma situation professionnelle ne me permet pas vraiment ce genre d'écart de prudence.

Le célibat camoufle bien l'orientation sexuelle. Du moins, il permet plus facilement de la taire que la vie de couple. À moins, bien sûr, de ne jamais faire l'épicerie ensemble, de ne jamais passer prendre une bouteille de vin ensemble, de ne jamais être tous les deux dans la voiture lorsqu'on va faire le plein, de ne jamais assister à la même représentation d'un film, de ne pas fréquenter ensemble les lieux culturels. Non mais, à bien y penser, c'est fou la panoplie de jobs pour étudiants qu'offre le secteur des services! Après avoir quitté l'université, j'ai su qu'on avait su... Mais ce ne fut pas à cause de ce verre pris avec un collègue au petit bistrot. Cette rencontre fortuite n'a eu aucune conséquence. Mais on ne peut pas toujours éviter d'anciens élèves dans un quotidien qu'on veut vivre normalement, surtout quand on tombe en amour.

Et pourtant, cette même précarité a souvent fait naître l'envie inverse. Tout avouer. Militer activement au sein du département et de la faculté pour l'ouverture d'un poste en « études gaies ». Certaines universités l'ont fait en Californie. Les collègues « réguliers » ne savent plus quel programme d'études inventer pour s'attirer de nouvelles clientèles et retenir celles qui ont déjà été recrutées. Osons. Soyons les premiers à établir en sol québécois une chaire en études homosexuelles. Difficile de croire qu'ils embarqueront. Un tel projet n'est-il pas quelque peu incompatible avec « l'étude du monde de la famille » que le département exploite déjà comme créneau ? Les collègues, même le gai, même la lesbienne, n'endosseraient probablement pas un tel projet. Et même s'ils s'engageaient, quelle assurance aurais-je que des mesures de discrimination positive me donneraient, à moi plus qu'à un autre, des chances de décrocher le poste ? Non, décidément, le jeu n'en vaut pas la chandelle.

Devenu travailleur autonome, je ne crains plus ni patrons ni collègues. Comme je ne compte pas faire de mon orientation sexuelle ma carte professionnelle, je ne vois aucun intérêt à sortir « professionnellement » du placard.

ANDY

«Il n'y a pas à avouer qu'on en est, parce que ce n'est pas une faute. Il n'y a pas à proclamer qu'on en est, parce qu'il n'y a pas là de quoi tirer fierté. Il y a simplement à dire qu'on en est parce que c'est comme ça. Ni honte ni prosélytisme... Dire l'homosexualité, c'est la déculpabiliser.»

JEAN-LOUIS BORY dans
Comment nous appelez-vous déjà?, 1977

Photo : Dominic Ratthé

[Pierre Salducci]

« Je suis très admiratif quand je mesure le parcours de ma grand-mère, car rien à l'origine ne la préparait à être aussi ouverte sur une question comme l'homosexualité. Elle n'était pas comme ça quand elle était plus jeune. En fait, elle a évolué uniquement pour moi, par amour pour moi, et je trouve ça très beau. »

Quelques mots sur la vie professionnelle de Pierre Salducci

Né à Rouen en France, Pierre Salducci s'installe au Québec en 1989. Depuis, il a été enseignant, attaché de presse, rédacteur, critique littéraire (notamment pour *Le Devoir*) et chroniqueur pour de nombreuses émissions télévisuelles et radiophoniques. Il a également travaillé plusieurs années dans l'édition (aux éditions Stanké et chez XYZ). Militant très actif, il s'est impliqué dans de nombreuses associations gaies et dans la lutte contre le sida. Cofondateur du Festival des littératures homosexuelles (en 1994), il a également créé (en 2003) l'organisme international l'Union des écrivains gais. Comme auteur, on lui doit, entre autres, les romans *Journal d'un infidèle* et *Nous tous déjà morts*, ainsi que le recueil de nouvelles *Ma vie me prend tout mon temps*. Il vit aujourd'hui en Espagne, plus précisément aux îles Canaries.

Entretien avec Pierre Salducci

— **Lorsque je t'ai invité à faire cette entrevue, est-ce que tu as hésité ou as-tu, au contraire, été immédiatement emballé par le projet ?**

— Non, je n'ai pas hésité. Au contraire, je pense que c'était presque un devoir. Ce sera un livre très important et c'est pourquoi j'aime beaucoup ton projet. Il faut accepter de parler de ça, à visage découvert, et par « ça », je veux dire la vie gaie, notre vie, ma vie ! Je n'ai aucun problème à me confier et c'est même un plaisir parce que j'espère que ça aidera les gens, les lecteurs, gais ou pas.

— **Vers quel âge as-tu décelé les premiers indices d'attirance vers une personne du même sexe ?**

— Dès l'école primaire, j'avais un camarade que j'aimais beaucoup. Il s'appelait Philippe, et je me souviens que j'avais pour lui ce que je pourrais qualifier d'attirance « sentimentale » ; ça se présentait beaucoup plus comme une question de complicité, d'attrait. J'avais simplement envie d'être avec lui. Je précise ça parce que ce n'était pas du tout une attirance de nature sexuelle. Mon homosexualité s'est d'abord manifestée de cette façon. Il y a peut-être eu des événements plus tôt, mais je ne m'en souviens pas. J'ai donc senti mon premier intérêt marqué pour un autre garçon vers neuf ou dix ans. À cet âge, je sais que j'avais une sorte d'amitié amoureuse envers mon meilleur ami, envers mes meilleurs amis, ce qui, à mon avis, était déjà une coche au-dessus des sentiments qu'eux éprouvaient à mon égard. Parce qu'eux étaient déjà hétéros, enfin, j'imagine, ça, j'en sais rien! Peut-être qu'ils sont devenus gais! (Rires) Et après, quand tu deviens adolescent, ça s'intensifie parce que tu deviens encore plus uni avec ton meilleur *chum,* ton meilleur ami – d'autant plus qu'on était toujours entre nous. À ce moment-là, j'ai vraiment eu comme une succession de deux, trois, quatre «meilleurs amis», que je voyais tout le temps, et c'est correct parce que tout le monde vit ça à cet âge-là! Si ce n'est que pour moi, c'était clair que ça devenait des petites passions amoureuses et je voyais bien que j'allais plus loin qu'eux. C'est là que j'ai commencé à comprendre que j'étais différent. Ce ne sont pas uniquement des questions d'ordre sexuel. C'est aussi dans cet intérêt un peu singulier que t'as pour ton meilleur ami. J'étais prêt à lui faire des déclarations, à lui parler de projets, de sentiments alors que lui n'était pas vraiment là-dedans quoi!

— Alors la certitude d'être différent, ça s'est imposée à l'adolescence pour toi?

— Oui, vers les quatorze ou quinze ans. Je me souviens même d'avoir dû interrompre ce genre d'amitié parce que, au bout d'un moment, s'installait une incompréhension vu qu'on n'avait pas, tous les deux, les mêmes attentes. De mon côté, c'était plus amoureux, plus de l'ordre de l'exclusivité aussi, je nous voyais presque comme un couple, alors que de l'autre côté, c'était pas du tout ça!

— **Comment te sentais-tu, dans ta différence, à ce moment-là ? Comment as-tu vécu tout ça, à l'intérieur de toi ?**

— Tu sais, à cet âge-là, c'est encore très flou, très imprécis. Il se passe plusieurs choses en même temps, mais ce n'est que beaucoup plus tard que tu peux reconstituer le puzzle et te rendre compte que oui, c'est clair, il y avait des éléments d'une homosexualité en train de s'assumer. Mais sur le coup, on ne voit rien de tout ça. Lorsque je m'intéresse à mon petit camarade de dix ans, Philippe, je ne mets pas de mots là-dessus, je ne mets pas de catégorie, je ne mets rien. Je ne me perçois même pas comme différent, je me perçois comme... moi ! Je fais ce que je veux faire, je vis mes passions et tout ce qui vient avec ces choses. Ensuite, il y a mes amis, avec qui je développe des sentiments puis, parallèlement, il y a ces insultes qui arrivent très tôt, à l'adolescence, et qui font qu'on s'interroge là-dessus. Et on commence à se sentir différent quand on se fait insulter : « Pédé ! Enculé ! » ce genre de trucs, et on se dit : « Mais qu'est-ce que c'est ? » Parce que ce n'est pas comme ça qu'on s'appelle nous-même, tu vois !

— **Le fait de se sentir différent, ça vient d'abord de l'extérieur, n'est-ce pas ?**

— C'est en effet l'extérieur qui te confronte à ça. Je me souviens très bien que je me disais : « Mais pourquoi ils m'appellent comme ça alors que MOI je n'ai pas encore décidé d'être ça ? » Par contre, je sais que je ne me disais pas : « Pourquoi ils m'appellent comme ça alors que je ne suis pas gai ? » parce que, déjà, c'était présent dans mon esprit. Mais c'est quand même spécial que les autres l'aient détecté avant moi !

— **À l'adolescence, tu n'as jamais été attiré par les jeunes filles ?**

— Ah oui! Plus tard, mais ce fut bref. J'ai eu vaguement une petite amie, mais c'est resté très platonique. Moi, je suis ce qu'on appelle un « Kinsey 6 » – j'arrive dans les confidences – c'est-à-dire quelqu'un qui n'a jamais eu de relations sexuelles avec une fille. Tu sais, le rapport Kinsey, avec les classifications sur une échelle? Comme les tremblements de terre!

— Explique-moi davantage.

— Le chercheur Alfred Kinsey a mis en évidence qu'on pouvait rarement considérer l'homosexualité ou l'hétérosexualité comme des catégories étanches à cent pour cent. Même en ayant une vie majoritairement hétérosexuelle, on pouvait avoir eu des expériences homo, et, à l'inverse, même en ayant une vie majoritairement homosexuelle, on pouvait avoir eu plus ou moins d'expériences hétéros. Il a montré que ce n'était pas aussi tranché que les mots ou les apparences voulaient bien le laisser croire. Il a fait de nombreuses entrevues anonymes et a obtenu des confidences qui bousculaient complètement les idées reçues et, à la suite de ça, il a imaginé une sorte de ligne qui représente les pratiques sexuelles et il a placé les hommes le long de cette ligne selon leurs expériences. Cela donne une échelle qui va de Kinsey 0 (l'hétérosexualité absolue, sans aucune expérience avec des partenaires de même sexe) à Kinsey 6 (l'homosexualité absolue, sans aucune expérience avec des partenaires de sexe opposé) et la bisexualité se trouve exactement au milieu (Kinsey 3). C'est assez logique dans le fond. Kinsey a découvert qu'une grande partie de la population se situait à des niveaux 4 ou 5, car il arrive à de nombreux hommes d'explorer des pratiques sexuelles gaies ou hétéros, même en sachant que ce ne sera pas leur référence permanente dans la vie, juste pour voir ou pour savoir, ne serait-ce que pour vérifier ce qu'ils préfèrent. Moi, je suis Kinsey 6 dans la mesure où je n'ai jamais couché avec une femme.

— As-tu déjà eu un confident avec qui partager ce que tu vivais ?

— Plus ou moins, en fait. À l'adolescence, j'ai eu des confidents, comme tout le monde, mais à cet âge on a besoin de parler de tant de choses que je ne peux pas dire que je me suis particulièrement confié au sujet de mon homosexualité. Je dois dire que ça ne me torturait pas. Je voyais bien que je n'étais pas le seul au monde, je vivais dans un milieu où l'homosexualité était souvent mentionnée (ma mère connaissait plusieurs gais), j'en voyais à l'école, il y avait pas mal d'hommes qui me couraient après dans les transports en commun et pendant les vacances en Corse, au bord de la mer. En plus, je faisais du latin et nos professeurs n'arrêtaient pas de nous parler de la sexualité des Grecs et des Romains. Plus tard, je me suis mis à aller souvent au cinéma et je voyais les films de Visconti et de Pasolini, même si c'était interdit au moins de dix-huit ans ; je m'arrangeais pour y assister. Il y avait des hommes qui me touchaient le genou dans le noir et je me sentais bien comme ça. Donc, l'homosexualité n'était pas vraiment un problème. Au contraire, c'était plutôt plaisant et valorisant. Surtout qu'à cet âge-là, l'homosexualité reste relativement platonique. Pour moi, c'était davantage un sentiment qu'une sexualité en tant que telle. Le problème, c'était les autres, la violence, le rejet. C'était le fait d'être étiqueté comme ça, partout et par tout le monde. Je n'avais pas tant besoin de me confier, mais j'aurais aimé être protégé par les adultes en revanche, parce que je me sentais très vulnérable et menacé. La première adulte avec qui j'ai vraiment pu parler de tout ça était une amie de ma mère qui s'appelait Sylvie, une femme merveilleuse à qui je dois tout et qui m'a montré la voie. Elle m'a arraché à une certaine tourmente. Je n'oublierai jamais. Son mari était gai – enfin bisexuel – et elle a tout de suite capté, elle a vu certaines choses avant moi, elle les a nommées, elle m'a accueilli dans ce monde.

Grâce à elle, je n'ai jamais dramatisé ma vie. Je n'ai pas eu à faire ce travail-là car je n'ai pas senti de culpabilité.

— Aucun confident parmi les hommes ?

— Non. Par contre, je me suis mis à lire très tôt des auteurs gais comme Cocteau, Roger Peyrefitte, Yves Navarre, Jean-Louis Bory... Ce n'est pas comme des confidents car tu ne peux pas leur parler, mais eux te parlent d'une certaine façon. Tu trouves beaucoup d'explications dans les livres et l'expérience des autres... J'ai dévoré *Les Amitiés particulières* de Roger Peyrefitte dès l'âge de douze ou treize ans. Ce fut une véritable révélation et un baume au cœur. Au collège, on nous faisait lire Cocteau, *Les Enfants terribles,* et ça aussi, c'était assez explicite, voire libérateur. La littérature m'a toujours beaucoup aidé dans ma démarche de normalisation. J'ai trouvé beaucoup de réponses dans les livres.

— Doit-on dire « homosexuel » ou « gai » ?

— Quand j'étais ado, on disait « homosexuel ». Aujourd'hui, je ne dis plus jamais ça. Personnellement, c'est un mot que je déteste parce qu'il désigne uniquement une sexualité et qu'il a été créé par opposition à l'hétérosexualité. Je ne me vois pas comme « l'opposé » de l'hétérosexuel. On est tous des êtres humains avec les mêmes droits et besoins ! C'est pourquoi je préfère le mot « gai », qui renvoie à un mode de vie, à une culture et à une communauté. C'est plus global. Certaines personnes pensent que l'homosexualité, c'est uniquement dans la chambre à coucher que ça se passe et que ça ne regarde pas les autres, alors qu'en fait, être gai a des incidences sur ta vie publique et pas seulement sur ton intimité, comme tes goûts, tes sorties, tes amours, ton couple...

— J'aimerais que tu me parles de tes liens avec les membres de ta famille, ainsi que des regards qu'ils ont posés sur toi.

— Moi, je viens d'une famille éclatée. Je n'ai pas vraiment vécu avec mon père. J'ai un frère aîné avec lequel je n'ai pas grandi non plus. J'imagine que leur absence m'a facilité la tâche, car c'était une forme de contestation en moins. Dans ma maison, il y avait surtout ma mère et ma sœur. Tout le monde savait que j'étais gai, et bien sûr, Sylvie a été le trait d'union entre ma famille et moi. Lorsque ma mère a eu des doutes, qu'elle s'est questionnée là-dessus la première fois, ce n'est pas moi qu'elle est venue voir, c'est pas à moi qu'elle a posé des questions, c'est à Sylvie. Et Sylvie lui a tout raconté. Ensuite, tout le monde l'a su. C'est devenu officiel. Mais j'ai eu la chance de ne pas avoir à faire de *coming out,* de ne pas avoir à me présenter un jour, comme dans les films, en disant : « Maman, j'ai quelque chose à te dire. Voilà, je suis gai. » J'aurais détesté ça. Au lieu de le dire, je l'ai toujours montré : je n'ai pas caché mes attirances, mes sorties, mes goûts, mes lectures, mes fréquentations, et même mes copains que j'amenais à la maison...mais j'ai jamais eu à l'apprendre à quelqu'un de ma famille. Je ne sais pas vraiment comment celle-ci a réagi au fait que je sois gai parce qu'il n'y a jamais eu de discussion sur ce sujet. Ce n'était pas négociable et je ne leur ai pas laissé le choix là-dessus. J'étais comme ça et je me suis imposé tel que j'étais. Beaucoup plus tard, autour des années 1990, j'ai cru savoir que ça ne s'était pas si bien passé que ça pour ma mère et ma sœur. Un jour, j'ai eu une discussion avec ma sœur et j'ai bien vu que ça ne passait pas. Et depuis, mes relations avec ma mère et ma sœur sont devenues inexistantes. J'imagine que le fait d'être gai a joué dans cet éloignement, mais je ne le sais pas, parce qu'il y a tellement de non-dits avec l'homosexualité. Les gens ne viennent pas t'en parler comme ça, alors que c'est ce que j'aimerais, c'est ça qu'il faudrait faire, pouvoir parler librement de tout ça !

— Ce genre de situation complexe arrive aussi dans les familles où il n'y a que des hétéros !

— Des frustrations, des incompréhensions qui font que les gens dans la famille ne se parlent plus par la suite, je sais... Mais l'homosexualité dure toute la vie, ce n'est pas quelque chose qui disparaît avec le temps, alors je crois que c'est tout de même intervenu et que ça laisse des traces. Je le sens. Je ne crois pas que ce soit la raison principale de cette distance qui existe entre ma famille et moi, mais tous ces non-dits, cette incompréhension, c'est certain que ça n'aide pas.

— Et ta relation avec ton père ?

— Mon père est parti quand j'étais trop jeune pour que je puisse t'en parler. Je pense qu'il le sait, mais tu vois, il donne encore des nouvelles à mon frère et à ma sœur, alors qu'il n'est plus en relation avec moi. Dernièrement, il m'a quand même écrit pour me dire qu'il voulait me déshériter. C'est un acte très fort, très violent sur le plan psychologique, et assez rare de la part d'un père. Je me suis demandé si ce n'était pas parce que je suis gai, justement. Il n'est pas intéressé par le garçon que je suis, par la personne que je suis devenue, parce que c'est trop loin de lui, peut-être. Et surtout, il ne veut pas accepter qu'il puisse y avoir un gai dans sa descendance. C'est comme s'il voulait me renier.

— C'est ce que tu ressens ?

— Non, c'est ce que je me suis demandé, mais je n'ai pas la réponse.

— Te poses-tu encore la question ?

— Je me pose mille questions, mais je n'en fais pas une obsession. Je pense que ça pourrait être ça, mais je ne suis pas sûr.

Je sais que dans le reste de ma famille, ça se passe très bien entre eux, c'est comme si c'était seulement moi le problème. Mais il y a quand même des exceptions. Par exemple, ma grand-mère, qui est une vieille dame de quatre-vingt-treize ans, m'en parle très ouvertement, et ma tante Laurence aussi. Tu sais, c'est là qu'on voit quand ça se passe bien, c'est lorsque les gens sont capables de t'en parler. Tant que tu fais juste le dire et que la personne en face te fait « Oui, oui, oui », qu'elle hoche la tête et qu'elle passe à autre chose... C'est sûr que c'est une étape, mais c'est pas suffisant pour aboutir à une aisance totale.

— C'est une question de communication...

— Et de connaissance du sujet aussi. Si tu dis à quelqu'un que tu es homosexuel, d'accord, il va le prendre, mais ça ne signifie pas qu'il sait vraiment ce que ça veut dire et de quoi on parle. Il détient sa vision, sa définition, et il va te mettre dans un petit « moule », puis ça va s'arrêter à ce stade dans sa tête. Mais à l'intérieur de ce processus, pour qu'il soit complet, tu dois lui dire : « Oui, je suis homosexuel, et voilà qui je suis, ce qu'est ma vie, comment je fonctionne, ce que j'ai fait, qui j'aime, qui m'aime... »

— Et avec ta grand-mère, ça se passe bien.

— Oui. Et c'est génial quand tu peux aller si loin avec certaines personnes. Quand ma grand-mère m'appelle, elle me demande toujours si j'ai un compagnon, si celui-ci est gentil, elle me pose des questions sur ma vie... et j'adore ça! C'est important pour elle que j'aie quelqu'un dans ma vie! Je suis très admiratif quand je mesure le parcours de ma grand-mère, car rien à l'origine ne la préparait à être aussi ouverte sur une question comme l'homosexualité. Elle n'était pas comme ça quand elle était plus jeune. En fait, elle a évolué uniquement pour moi, par amour pour moi, et je trouve ça très beau. Ça devrait toujours être comme ça.

— Comment vis-tu l'amour et l'amitié, au quotidien ?

— C'est très, très, très important pour moi. Je crois beaucoup dans l'amour et je tiens à le dire parce que, souvent, les gens disent : « Ah ! les homosexuels, ils veulent juste avoir du sexe, y a pas d'amour, y a pas de couple, y a pas de relation durable. » Ce n'est pas vrai. Moi, j'ai passé presque toute ma vie en couple. Dès dix-neuf ans, j'ai eu mon premier *chum*, on est restés cinq ans ensemble. À l'âge où beaucoup de monde s'éparpille dans les discothèques, danse à moitié nu sur des pilules, eh bien moi, j'étais déjà en couple relativement sérieux. Et par la suite, j'ai toujours été en couple. Et ces gars sont restés dans ma vie. Mes anciens *chums* – j'en ai cinq – constituent ma famille aujourd'hui, et ces relations d'amour qu'on a vécues sont restées, se sont transformées !

— En amitié profonde ?

— C'est ça, et c'est très important pour moi parce que, tu vois, c'est ma vraie famille. Ce sont des gens qui te connaissent parfaitement, qui t'aiment comme tu es et qui t'accompagnent depuis longtemps dans tout ce que tu fais dans la vie. Ça devient ton réseau. Si je ne les avais pas, s'ils n'étaient pas autour de moi, je me sentirais complètement dépossédé de mon passé et sans amour. Il faut comprendre que l'épanouissement d'un gai passe davantage par les rencontres amoureuses que par le milieu familial. Notre famille adoptive, celle qu'on se crée, est souvent plus aimante que notre famille biologique. C'est très souvent comme ça !

— Alors j'imagine qu'un gai a besoin de nouveaux modèles pour l'inspirer ?

— C'est un peu difficile parce que nous, on doit réinventer l'amour. Lorsque tu es enfant, on t'explique pendant plusieurs années que l'amour c'est avec une femme, comme ta maman, que ça se passe de telle façon, dans une maison avec des enfants, avec les grands-parents, etc. Plus tard, tu te rends compte que ton schéma est différent. Ça, c'est une première chose. Ensuite, sur ce schéma-là, il faut que tu partes de zéro pour t'inventer un amour qui fonctionne aussi, et ce n'est pas simple. Mais c'est possible. Je crois même que c'est indispensable. Je pense que c'est l'amour pour ce qu'on est et pour nos semblables qui nous permet le plus de tenir debout et, ensuite, d'être bien avec le monde entier. On dit toujours qu'il faut s'aimer soi-même. Si tu t'aimes, tu arrives à être en relation de couple.

— **C'est très gratifiant d'inventer une nouvelle forme d'amour, et puis de réussir à être bien.**

— Très gratifiant oui, mais ce n'est pas toujours évident, tu sais... c'est un peu difficile, parfois. Surtout quand tu vois partout des exemples négatifs. Dans les films et les livres, l'amour gai est toujours voué à l'échec. On n'est pas aidés. Il faut apprendre à se détacher de toute cette fatalité malheureuse. En tout cas, c'est tout un parcours !

— **Concernant ta vie professionnelle, te sens-tu (ou t'es-tu déjà senti) obligé de cacher que tu es gai ?**

— Oui. Mais aujourd'hui, j'ai la chance d'être travailleur autonome et d'intervenir tout le temps comme Pierre Salducci qui est ouvertement gai et les gens le savent la plupart du temps ; donc ça ne se pose pas vraiment comme question en ce moment.

— **Mais est-ce que tu as déjà vécu cette situation auparavant ?**

— J'ai déjà été fonctionnaire, travaillant dans des bureaux avec un horaire de neuf à cinq tous les jours, et là, oui, la problématique se posait. Et j'avoue que j'ai déjà fait semblant, et j'ai honte de le dire parce que je pense vraiment qu'il faut le plus possible apparaître sous son vrai visage, même si c'est pas toujours si facile. Parfois, tu arrives dans des milieux où, parce que tu es gai, ça entraîne beaucoup d'autres choses et, après, c'est comme lever le voile sur ton intimité et t'as pas forcément envie de tout raconter. Le milieu de travail reste l'endroit où c'est particulièrement difficile de le dire. Il y a une vaste enquête qui est en train de se mener au Québec en ce moment, justement sur l'homosexualité au travail parce qu'on s'est rendu compte que, pour les gais, la situation s'améliorait à peu près sur tous les plans – dans leur vie privée, leur sexualité, leur santé, leur vie familiale –, mais l'endroit par excellence où les gens restent encore le plus bloqués, c'est au travail.

— Je m'en doutais un peu...

— Parce qu'au travail, si tu le dis et que quelqu'un ne le prend pas, il y a des enjeux et il peut y avoir des répercussions. Par exemple, dans une soirée entre amis, on te présente des gens et tu dis : « Je suis gai. » Si une personne n'est pas à l'aise avec ça, elle s'en va, et ça s'arrête là. Par contre, dans le contexte du travail, si tu dis : « Je suis gai », et que ton *boss* ne le prend pas, c'est dramatique !

— Mais c'est injuste !

— C'est pour ça que le travail reste l'endroit le plus difficile pour dire qu'on est gai. Le rapport de forces n'est pas équilibré. On est trop vulnérable. Il faudrait des lois. Et j'en ai fait l'expérience, moi qui suis pourtant un va-t-en-guerre ; j'ai souvent préféré fermer mon clapet !

— Parce que cela te demandait trop d'énergie ?

— C'était trop compliqué... Tu sais, on n'est pas fou non plus, on y va quand on sent que le terrain peut être relativement favorable. On veut bien débroussailler un peu, aider les gens à cheminer, mais ça va dans les deux sens aussi.

— As-tu choisi ton domaine professionnel (journaliste, directeur littéraire) en considérant que tu pourrais y vivre plus librement ton homosexualité ?

— Très vite, je me suis soustrait le plus possible aux problèmes d'homophobie dans le milieu de travail, et oui, j'ai toujours choisi mes jobs en fonction de ça. J'ai toujours eu un CV qui disait ouvertement que je suis gai, par exemple en citant toutes mes expériences dans le milieu gai, et c'était à prendre ou à laisser. Je me suis toujours arrangé pour travailler dans un environnement gai, avec un patron et des collègues gais ou très *gay friendly*, sinon c'est l'enfer. Je ne tiendrais pas !

— J'aimerais connaître ton point de vue sur le *coming out*.

— Je crois que pouvoir se présenter à visage découvert devant les gens, être qui l'on est vraiment, ça impose un *coming out*. C'est très important de le faire. Comme je l'ai dit tantôt, j'ai eu la chance de ne pas avoir à en faire un parce que j'ai toujours montré qui j'étais dès le début dans ma famille. Je dis que j'ai eu de la chance sûrement aussi parce qu'on m'a permis de le montrer et de le vivre. Je ne sentais pas d'obstacle. Je vivais dans un milieu où l'homosexualité n'était pas taboue. Ce n'est pas que ce fut accueilli avec des sauts de joie, mais je n'ai jamais vu personne, dans mon milieu familial ou chez les amis de ma famille, faire des réflexions homophobes. Personne n'était raciste non plus. Ça n'était pas le genre de la maison.

Plus tard, ma mère s'est séparée de mon père, et j'ai vécu ensuite dans un milieu de femmes. Ma mère avait beaucoup d'amies qui étaient des femmes seules, et aussi, plusieurs homosexuels. Donc, il y avait des gais autour de moi. Ce n'était pas de la promotion gaie tout de même, ça n'allait pas jusque-là, mais j'ai pu me montrer tel que j'étais sans sentir qu'il y avait une opposition. Donc, j'étais à l'aise avec ça. Mais ce n'est pas le cas de tout le monde. Il y a des gens qui n'ont pas la possibilité d'être vraiment ce qu'ils sont, qui se dissimulent pendant des années puis, un jour, la bulle est trop grosse, il faut que la balloune pète, et ces personnes se disent : « Bon, je vais le dire » et souvent, ils doivent aller à l'encontre de plusieurs années de silence... plus de vingt-cinq ans, parfois ! C'est vraiment très difficile. Ça devient une épreuve terrible. J'admire les gens qui font leur *coming out* parce que ça ressemble à une cérémonie initiatique, comme en Afrique, au moment du passage de l'adolescence à l'homme adulte.

— Les jeunes n'ont-ils pas besoin de modèles pour se sentir valorisés d'être gais ?

— Oui, c'est tout à fait ça. Et c'est très important pour les gens qui ont une petite notoriété de se montrer à visage découvert. Je pense que c'est un autre rôle, un autre avantage de ce livre, c'est-à-dire que les gens vont pouvoir s'identifier à d'autres personnes gaies qui assument leur identité sexuelle, et comprendre que c'est possible d'être bien dans cette vie différente. Parce que tu sais, quand tu veux faire ton *coming out*, c'est très rassurant de pouvoir s'appuyer sur quelqu'un, un autre cas que le tien, et si tu aimes déjà cette personne, tu t'imagines ? Ça peut donner des réflexions du genre : « Mais regarde ! Telle personne aussi est gaie ! Tel acteur à la télé, tel présentateur, tel journaliste... » Ça peut être très rassurant ! Ça aide beaucoup pour les *coming out* !

— Le courage doit être plus fort que la peur qui habite la personne.

— Malheureusement, c'est vrai qu'il y a encore beaucoup de gens qui ont peur de le dire, soit au travail, soit à la maison et même en comprenant leur crainte, en sachant que c'est souffrant et compliqué pour eux, je ne pense pas que se taire soit la meilleure solution. Si tu compares tout ce que tu vas gagner à le dire, tout ce que cela t'apportera en termes de liberté, d'aisance avec toi-même, d'honnêteté envers ta personne, de te montrer à visage découvert, pour le reste de ta vie, je pense que si on met ça dans la balance avec LE moment du *coming out* qui est un peu difficile à vivre, ça ne fait pas le poids! Pour moi, c'est évident qu'il faut passer par le *coming out*, même si c'est difficile. Le pape lui-même a dit qu'il ne fallait pas avoir peur dans la vie et, pour une fois, il a raison! Cette attitude négative ne peut pas être un bon moteur. Les gens qui se cachent juste à cause de la peur, eh bien, je ne crois pas qu'ils pourront aller très loin dans leur développement personnel. De plus, quel message ça donne aux autres? Ça fait reculer tout le monde. Ça fait régresser la société. Parce que chaque gai, quand il dit à son entourage qu'il est gai, finalement, il va se chercher des sympathisants. Et tout ça fait progresser la société, la tolérance, et la cause gaie. Chaque personne qui le dit agit pour elle, agit pour les autres et agit pour la société, pour le bien de tous.

— Ce que tu viens de dire, Pierre, c'est presque politique!

— Bien oui! Il y a une approche politique bien sûr, et sociale aussi, très sociale. Je pense que j'en veux aux gens qui se taisent parce que je crois que ce sont des gens qui profitent des efforts que font les autres gais pour améliorer les choses, tu comprends? Ils profitent du militantisme des autres, des *coming out* des autres, de toutes les nouvelles lois qui voient le jour, de toute l'acceptation que les autres ont gagnée à force de travail, de lutte et de patience... Ces gens se disent : « Ah ! moi, je ne me mouille pas, je ne me montre pas, j'attends juste que les autres prennent des risques à ma place. » Ce n'est pas très fort. Je ne pense pas que se cacher soit la solution, et personnellement, je veux inciter les gens à faire leur *coming out* ! C'est pour ça que je participe à ce livre. Tu sais, j'ai grandi en France et là-bas, c'est hallucinant le nombre de personnalités gaies qui refusent de le dire. Alors que, dans le fond, c'est toujours plus ou moins un secret de Polichinelle. Ces gens-là me font honte, c'est terrible, c'est vraiment des planqués. C'est complètement ringard. À mon sens, au contraire, les personnalités publiques devraient profiter de leur notoriété pour imposer leur homosexualité et montrer une image positive des gais. En général, ces gens-là jouissent d'un capital de sympathie assez fort et leur orientation sexuelle ne change rien à leur popularité. Alors pourquoi ne pas le faire ? C'est ridicule de se cacher tout le temps. On n'est pas des coquerelles !

— Peut-on reconnaître un gai par des signes extérieurs ?

— Je pense qu'il y a toujours des codes qui sont associés aux homosexuels ou que les gais aiment bien, comme ça, par nature. Quand j'étais plus jeune, par exemple, on disait que si t'avais une boucle d'oreille, je ne sais plus de quel côté, à droite ou à gauche, ça voulait dire que t'étais gai. Pendant longtemps, aux États-Unis, il y avait un jeu de foulards que les gens se mettaient dans la poche arrière du jeans. Mais aujourd'hui, ce n'est plus tellement ces codes qu'on utilise, on se reconnaît autrement. Il y a une complicité qui se crée instantanément entre deux gars gais qui, à mon avis, passe par le regard. Ce que les gais appellent le *gaydar*.

Le *gaydar*, c'est ton radar gai qui fait que tu sais tout de suite si quelqu'un est gai ou pas, sans avoir besoin des petits signes extérieurs. Les petits signes, ils peuvent être un indice de plus, mais ils ne sont pas nécessaires. Le *gaydar*, c'est tout simplement un gai qui regarde un autre gai comme... les autres hommes regardent les femmes... Un hétérosexuel regarde la femme comme partenaire sexuelle potentielle. Il se demande si elle est *cute* : « Est-ce que je pourrais l'aimer ? Qu'est-ce qui me plaît chez cette personne ? »... Et ce regard, un homme hétérosexuel ne l'a pas sur un autre homme. En revanche, deux gars gais vont s'évaluer comme le ferait un hétéro face à une femme qu'il désire. Ce n'est pas le même regard. Et ça, tu le vois tout de suite.

— En effet, c'est très clair.

— Dans la rue par exemple, un garçon gai aura tendance à regarder passer les autres garçons. Et comme il éprouve du désir pour eux, il s'attarde toujours un peu plus longtemps, ne serait-ce qu'un cinq secondes de trop, par rapport au regard qu'aurait un garçon hétérosexuel...

— Et ça, c'est inné chez les gais ?

— Ah ben oui ! C'est juste en comparant nos regards. Quand on croise les yeux d'un garçon, on voit très bien si c'est un regard de séduction ou si c'est simplement quelqu'un qui voit un passant ; ce n'est pas la même intensité du tout. Nous, on le regarde avec, peut-être, de la convoitise parce qu'on trouve la personne bien faite, mais lui, il nous regarde comme si on était un immeuble ou une voiture, alors ça fait pas le même effet ! Tu vois, c'est au point de vue de la complicité que ça se passe.

— Pourrais-tu me dire quelques mots sur l'homophobie ?

— L'homophobie, et toutes les attitudes que cette peur engendre envers nous, est malheureusement inévitable. Tant qu'on ne luttera pas massivement contre ça, dès le plus jeune âge et à tous les paliers de la société, je ne vois pas comment ça pourrait disparaître. C'est quelque chose qui a toujours existé, c'est très fort et très menaçant. De plus, il est triste de préciser que les religions, qui sont censées livrer des messages d'amour, jouent un grand rôle dans le fait d'attiser l'homophobie partout dans le monde et en tout temps. C'est révoltant, mais c'est comme ça. À cause de cette situation, tous les gais ont été et sont exposés à l'homophobie. Ce n'est pas possible de ne pas y être exposé du tout. C'est comme si tu demandais à une personne noire si elle n'a jamais été exposée au racisme. À mon avis, c'est une illusion, parce que peut-être que ça se passe de mieux en mieux, mais penser qu'il n'y a aucun problème, c'est un leurre. Le fait que les gais ont fait des progrès au cours des dernières décennies, la communauté gaie en a réalisé beaucoup aussi, cela a eu un double effet : d'une part, il y a plein de gens qui sont devenus plus accueillants vis-à-vis de nous, mais il y en a d'autres qui se sont radicalisés. Tu vois, si on prend l'exemple de l'avortement, quand tu donnes le droit d'avorter aux femmes, il y a la majorité des femmes qui sont d'accord et qui acceptent ce droit comme un progrès, mais tu as obligatoirement une partie de la population qui se radicalise, qui devient pro-vie, etc. Avec les gais, c'est un peu la même chose. Plus la situation des gais s'améliore, plus nous faisons face à une homophobie qui peut être radicalisée. Par des groupes de pression financés et organisés, notamment. Dans de nombreux pays par exemple, plus les gais ont obtenu de droits, plus l'Église et les mouvements d'extrême droite ont déployé d'efforts pour dénoncer les gains obtenus et mettre en place un mouvement de contestation.

Il y a eu beaucoup de cas d'agressions et de meurtres au cours des dernières années – pas au Québec, on va toucher du bois, mais nous ne sommes pas à l'abri. Il y a eu des cas de violence aux États-Unis, en Europe, il y a eu des mises à mort d'adolescents en Iran, et sûrement ailleurs aussi. En réaction à l'homophobie, les gouvernements devraient faire des campagnes beaucoup plus actives, investir davantage d'argent, enfin prendre le sujet beaucoup plus au sérieux. L'homophobie est le seul fléau social qu'aucun gouvernement ne se décide à combattre véritablement. Il y a encore énormément de gens qui sont convaincus que l'homophobie, dans le fond, c'est très exagéré et que ça ne représente pas grand-chose. Ce n'est pas vrai! C'est aussi stupide que de prétendre qu'il n'y a pas eu de génocide des Juifs. Je ne vois pas l'intérêt de nier des évidences. Et l'État doit investir pour lutter contre ce fléau. Les gouvernements interviennent pour faire la promotion de l'égalité entre les hommes et les femmes, on dépense de l'argent pour lutter contre le racisme et je ne vois pas pourquoi on ne mettrait pas la même énergie pour lutter contre l'homophobie. Le fait de ne pas lutter contre l'homophobie est déjà de l'homophobie en soi. C'est comme si on ne nous considérait pas comme des citoyens à part entière, que notre vie ne méritait pas d'être protégée. Pourtant, ça concerne tout le monde. C'est le climat social que tu améliores en luttant contre ces attitudes, et non uniquement la situation des gais. Et en plus, c'est un acte juste. Un devoir moral.

— Lorsqu'on traite publiquement quelqu'un de *tapette* par exemple, c'est aussi une forme d'homophobie, non? Qu'on soit gai ou hétéro, tout le monde a le droit au respect, et à vivre dans une société plus saine!

— C'est tout à fait ça! C'est tout le climat social qui est touché ici. Comme lutter contre le racisme, c'est devenir plus intelligent finalement, c'est évoluer, c'est atteindre notre grandeur d'être humain!

— Doit-on encore se méfier du sida de nos jours?

— Ah oui ! Il faut encore faire attention, c'est sûr. Même si beaucoup de choses ont changé par rapport au sida. Je fais partie de la génération qui a vu arriver cette maladie. J'avais vingt ans, un âge où on ne pense qu'à avoir des relations sexuelles, et ça nous a totalement traumatisés... C'était terrible parce que, à cette époque-là, vraiment, les gens mouraient ! Aujourd'hui, quand les gouvernements nous disent : « Sida = Mort », je trouve que c'est très exagéré. De nos jours, il y a beaucoup moins de cas de sida déclarés ; les gens restent séropositifs, c'est-à-dire qu'ils vivent avec le VIH, et l'évolution de la maladie est beaucoup mieux contrôlée.

— C'est maintenant traité à temps ?

— D'une part, c'est traité comme tel, mais surtout il y a de meilleurs médicaments, si bien que le taux de mortalité a radicalement chuté. C'est vrai qu'il reste encore des cas de mortalité, et que tout n'est pas réglé, mais il faut comprendre qu'avant, tout le monde y passait. Tout le monde !

— As-tu perdu beaucoup d'amis ?

— Oh oui ! J'ai passé ma jeunesse à rayer des noms dans mon carnet d'adresses alors que, normalement, ce sont les personnes âgées qui font ça. Quand j'allais dans les discothèques, il y avait plein de gars plus vieux que moi et d'autres pas mal plus jeunes, mais on n'était jamais nombreux de ma génération, il y avait un trou à cause de tous les morts, ça se voyait et ça m'a toujours fait bizarre. C'est comme si j'avais grandi en temps de guerre et que j'avais vu tous mes amis partir au front et ne plus revenir. C'était la même chose. À l'âge où normalement tu ne penses qu'à ton avenir, nous, on ne pensait qu'à notre mort. On vivait chaque jour en pensant que ce serait peut-être le dernier avant la maladie. Ça nous a rendus complètement fous. On pensait que notre tour allait venir à n'importe quel moment. C'était comme la roulette russe : tout à coup, un d'entre nous était pris au hasard, on ne comprenait pas pourquoi ni comment, on ne voyait jamais rien venir, et le gars disparaissait. Plusieurs sont partis tellement vite qu'ils n'ont même pas réalisé que leur temps était venu de dire au revoir. J'ai mis des années à me remettre d'avoir connu ça. D'ailleurs, une des raisons qui m'ont poussé à quitter la France à vingt-huit ans, c'est que je n'en pouvais plus de vivre toujours avec la mort autour de moi. J'avais besoin de faire le pari de l'avenir et quel meilleur endroit que l'Amérique du Nord pour cela ?

C'est pour ça que je tiens à dire que la situation du sida n'est plus du tout la même aujourd'hui que dans ces années-là. Il faut savoir se réjouir de tous les progrès qui ont été réalisés car ils sont nombreux. Ça me semble très important de le souligner et je trouve qu'on ne le dit pas assez souvent. Je suis souvent agacé du ton qu'on prend pour parler des gens séropositifs comme si leur vie venait de s'effondrer et qu'ils étaient finis. OK, la séropositivité n'est pas une partie de plaisir, loin de là, et il existe encore des risques de tomber malade, mais j'aimerais qu'on se souvienne que ce n'est rien par rapport à ce que ça a déjà été et qu'il faudrait arrêter de présenter les séropositifs comme des condamnés alors que ce n'est pas aussi simple. Si ce n'est que les gouvernements ont tout intérêt à dramatiser à outrance la réalité du sida, car les trithérapies leur coûtent très cher et ils raisonnent avant tout en gestionnaires. Moins il y a de séropositifs et plus ils font d'économies, donc ils ont décidé de continuer à faire excessivement peur sur la question du sida en espérant voir leurs frais diminuer. Ils agissent exactement de la même façon avec l'alcool, les drogues ou la cigarette. Ce qui compte pour eux, ce n'est ni d'avoir un ton juste ni de bien exprimer une réalité mais plutôt d'atteindre des objectifs économiques. Comme je le dis souvent, depuis vingt ans que le sida existe, à peu près tout a changé au sujet de cette maladie, sauf le ton sur lequel on en parle. Ce n'est pas normal.

Et puis aussi il faut savoir de quel sida on parle, parce que la situation n'est pas du tout la même chez les gais que chez les *junkies,* en Amérique du Nord ou en Afrique! Et souvent, les campagnes de communication font des amalgames terribles entre tous ces sidas-là si bien qu'à la fin, la population est toute mêlée et ne sait plus quoi penser. Nous prenons des vérités qui correspondent à l'Afrique et on nous les présente comme si c'était la même chose ici! Alors, comme tu vois, cette maladie est vraiment devenue autre chose. La communauté gaie n'a plus le même rapport face au sida et je pense que le phéno-mène du *barebacking,* qui est apparu ces dernières années, en est la preuve flagrante. Il y a eu un changement d'attitude dans la prévention aussi.

— Justement, quelle est ton opinion concernant le *bare-backing*? Je crois que tu ne le condamnes pas et j'aimerais savoir pourquoi.

— Je n'aime pas l'idée de démoniser un groupe qui n'a commis aucun délit. On sait ce que c'est que les *barebackers,* on sait d'où ça vient : ce sont des personnes qui ont décidé de ne plus se protéger, dans un contexte précis et pour toutes sortes de raisons. Souvent, ce sont des gens qui sont déjà contaminés, donc pour eux, la question de devenir séropositif ne se pose plus. C'est déjà fait. La plupart du temps, ce sont des gens qui ont été irréprochables pendant dix à vingt ans, qui se sont toujours protégés et qui, au bout de vingt ans, ont décidé de changer d'attitude et de laisser tomber la protection, par las-situde. Je pense aussi que, probablement, certains en étaient arrivés à des problèmes de perte de plaisir ou de désir... Tu sais, ce n'est pas si simple de mettre des préservatifs durant toute sa vie, dès que tu as vingt ans, dès le premier jour, jusqu'à tes qua-rante ou quarante-cinq ans! C'est sûr qu'un certain nombre de personnes ont fini par en avoir assez. Et puis, quand on arrive à quarante ou cinquante ans, on a moins peur de la mort ou de la maladie que quand on a vingt ans, c'est normal. Certains doivent penser que leur vie est déjà faite, qu'ils n'ont plus besoin de se protéger. Ils sont fatigués de se protéger et se demandent pourquoi continuer. Peut-être aussi qu'ils avaient des problèmes d'érection et qu'ils ont décidé de passer outre. Je ne me vois pas les condamner, parce que je comprends leurs raisons. Personnellement, je ne ferais pas ça, parce que je crois que même si tu es séropositif, tu peux toujours être exposé à une surcontamination, et je pense que ça pourrait être dangereux. Moi, je crois que ça vaut le coup d'essayer de se protéger le plus longtemps possible. C'est plus sain et c'est plus prudent. Mais je n'aime pas l'idée de condamner les autres. Surtout que, s'il faut condamner tous ceux qui ne mettent pas de préservatifs, alors dans ce cas-là, il faut condamner tout le monde. Parce que d'une certaine manière, nous sommes tous des *bare-backers* quelque part. En effet, qui peut vraiment jurer sur la Bible qu'il a toujours eu des relations sexuelles protégées, sans aucune exception, qu'elles soient hétéros ou homos? Ça arrive à tout le monde de prendre des risques. Il y a énormément de jeunes hétéros qui n'utilisent jamais de préservatifs et on ne leur dit rien... Donc je crois que c'est un raccourci facile de dire : «Ah! le problème, c'est les *bare-backers!* On leur tape dessus puis, après, on règle la situation de la contamination.» C'est un peu trop simple, non? Pour moi, personne n'est au-dessus des autres! Et je crois que s'il y a un problème de relâche de la prévention, c'est aux professionnels de régler ça, et s'ils n'obtiennent pas les résultats escomptés, c'est que leurs méthodes ne marchent plus et qu'ils doivent les changer, c'est tout. Mais ça, ils ne sont visiblement pas prêts à le faire. Ils préfèrent criminaliser des individus. Toujours le bon vieux réflexe de la matraque. Il y a quand même une question de liberté individuelle dans tout ça, les gens doivent pouvoir faire ce qu'ils veulent comme ils veulent, c'est leur vie et c'est leur santé.

Les événements gais comme la Fierté gaie, les défilés gais, etc., ont-ils de l'importance pour toi ?

— Je les aime beaucoup parce que ce sont des fêtes, comme tu viens de le dire, des occasions de se réjouir et qu'on n'en a jamais trop. Ces fêtes gaies, ça vient de notre communauté, ce sont nos initiatives, en plus d'être des opérations de visibilité. Oui, je suis à l'aise avec ça. Quand j'étais plus jeune, ça n'existait pas et maintenant, je les soutiens, j'y participe volontiers. C'est vrai qu'il y a des gens qui ont des réticences sur certains aspects, ils trouvent que ça met trop en valeur les membres les plus exubérants, les personnes les plus folles ou que les médias ont un regard biaisé sur ce qu'on fait... Peut-être, mais en attendant, je pense que c'est mieux que rien. C'est comme si les Brésiliens voulaient mettre un terme au carnaval sous prétexte que ça les représente trop comme des gens qui ne pensent qu'à boire et à danser. C'est idiot ! On sait bien qu'ils ne font pas ça toute l'année... Je pense que plus il y aura ce genre de fêtes gaies, mieux ce sera. Ça donne l'occasion aux gens de découvrir certains aspects de la société dans laquelle ils vivent et qu'ils ne connaissent pas toujours. Ça leur montre de quoi on est capables aussi. Et même que peut-être, ça peut permettre de détecter des cas d'homophobie et d'intervenir ensuite, qui sait !

— **Et d'échanger sur le sujet aussi.**

— Lorsque j'assiste à la parade à Montréal, il y a beaucoup d'hétérosexuels présents et c'est génial de discuter avec eux, de vivre cette dynamique-là. C'est un des rares moments dans l'année où les gais et les hétéros peuvent fêter ensemble. Et cette complicité vient de cette fête gaie !

— **Que penses-tu de la durée des couples gais ?**

— Certains prétendent que nos couples sont moins solides, qu'il y a plus d'infidélité, par exemple. Je n'en suis pas si sûr. Je crois que c'est difficile pour tout le monde de réussir un couple – il suffit de voir les statistiques du divorce –, mais en même temps je ne suis pas pessimiste. Personnellement, j'ai presque toujours vécu en couple et il y a énormément de gais en couple autour de moi. J'ai essayé d'apprendre de mes échecs pour aboutir à des relations de plus en plus épanouies et je me trouve très heureux. Même mes histoires qui n'ont pas duré, je ne les regrette pas. C'étaient toujours de beaux élans du cœur et c'est ce qui compte. Ce qu'il y a, je crois, c'est qu'on ne nous apprend pas à aimer. Comme nous grandissons tous dans un environnement hétérosexuel, nous sommes davantage renseignés sur comment fonctionne un couple homme-femme qu'un couple avec deux gars ou deux filles. D'une certaine façon, on est handicapés face à l'amour. On passe des années à recevoir des réflexions et des attitudes désobligeantes, ça n'incite pas beaucoup à croire dans l'amour et il y a de quoi devenir prudent. Quand finalement on tombe en amour, on doit tout apprendre tout seul, et cet apprentissage prend du temps. Même avec de la bonne volonté, on manque toujours cruellement de références pour construire nos vies, parce que personne ne nous enseigne rien. On ne sait pas à qui ou à quoi on doit ressembler. Il faut inventer. Et parfois, on se trompe. Comme je l'ai dit, j'ai eu la chance de lire beaucoup d'auteurs gais et de voir des films gais, très jeune, et vraiment à haute dose, je suis persuadé que ce bagage culturel m'a servi de référence et m'a aidé à me construire. Je ne peux que conseiller à tout le monde de lire notre littérature, elle possède un point de vue original et présente vraiment des destins extraordinaires. Nul mieux qu'elle ne rend aussi exactement compte de ce que nous sommes et de ce que nous vivons.

— J'aimerais connaître ton opinion sur la sexualité gaie dans les saunas.

En ce qui concerne les saunas, je les ai beaucoup fréquentés quand j'étais plus jeune, mais ça fait très longtemps que je n'y mets plus les pieds. Je crois que les saunas correspondaient à une nécessité, surtout du temps où les gais manquaient de lieux de rencontre, mais c'est beaucoup moins le cas aujourd'hui. J'ai l'impression d'ailleurs qu'ils sont en baisse de popularité. Dans mon entourage par exemple, il y a de moins en moins de gens qui y vont. D'autant plus que les saunas subissent de plein fouet la concurrence du cybersexe, des rencontres dans Internet ou dans les bars. Mon souvenir reste mitigé sur ces établissements. D'un côté, j'aimais bien l'aspect promiscuité qui permet de rencontrer toutes sortes de monde sans la barrière des classes sociales. J'aimais bien aussi le côté bain turc ou station thermale comme du temps des Romains, avec la chaleur, la détente, le repos qui est associé à tout ça. Mais d'un autre côté, j'ai toujours constaté que les gens se traitaient mal dans ce genre d'endroit. C'est un véritable exercice d'humiliation. Tu te promènes avec ta petite serviette et tu n'es évalué que sur ta perfection physique, rien d'autre ne compte. Alors, si tu as le malheur de ne pas correspondre à cent pour cent aux critères à la mode du moment, tu passes ton temps à te faire dire non et à te faire claquer des portes au nez. C'est assez méprisant et pas très agréable. Ça met l'accent sur le physique aux dépens de tout le reste, et même si je reconnais que le physique est important, je ne suis pas sûr d'être très à l'aise avec un mode de sélection qui ne repose que sur ça. Ça peut ouvrir la porte à beaucoup d'abus et être très démoralisant pour les personnes qui se trouvent rejetées en permanence.

— Une question peut-être un peu difficile et qui prête à polémique. D'après toi, existe-t-il une culture gaie ?

— Bien sûr qu'il existe une culture gaie ! Je n'en reviens tout simplement pas que certaines personnes se posent encore

cette question. Quand je suis arrivé au Québec, en 1989, il
y a un journal à l'UQAM qui m'a demandé d'écrire un article
pour dire s'il existait une culture québécoise, parce qu'à cette
époque-là, tout le monde n'en était pas encore convaincu.
Certains disaient que c'était une sous-culture, un sous-
ensemble de la culture canadienne, et d'autres disaient que
c'était un sous-ensemble de la culture française. Et pourtant,
ça ne fait pas si longtemps ! Aujourd'hui, c'est une question
qui ne se pose plus parce que c'est une évidence pour tout le
monde. Il me semble que c'est la même chose pour la culture
gaie. Je trouve que c'est très prétentieux de nier la culture des
autres. On peut éventuellement ne pas aimer la culture des
autres ou la trouver pauvre, ou sans intérêt, mais de là à la
nier, c'est un peu exagéré. À partir du moment où il existe
une communauté précise avec un mode de vie distinct et qui
donne naissance à une production artistique, je ne vois pas
qui pourrait s'autoriser à prétendre que ce n'est pas de la culture.
C'est comme si je débarquais en Amazonie et qu'on me présentait une peuplade avec des coutumes et des habitudes bien
à elle et que je m'autorisais à dire que ces autochtones n'ont
pas de culture. Au nom de quoi peut-on prétendre et défendre
pareille position ? C'est complètement inacceptable. Du mépris
à l'état pur. Ou de la peur. Quand on voit tous les festivals de
cinéma gai et lesbien, tous les livres gais, les pièces de théâtre,
les célébrations, les librairies, les éditeurs, les Outgames, etc.,
si ce n'est pas de la culture, c'est quoi ? Nier notre culture, c'est
de l'homophobie pure et simple. Quand je vois Radio-Canada,
par exemple, qui s'obstine encore à faire des émissions sur le
thème « Existe-t-il une culture gaie ? » et quand j'entends certains animateurs ou interlocuteurs qui s'aventurent à prendre
position pour répondre non, je trouve ça lamentable et scan-
daleux. Tout le contraire du mandat d'une société d'État. C'est
totalement dépassé de chercher encore à contester cette réalité,
c'est comme continuer à se demander s'il existe une culture

québécoise. Il me semble qu'on devrait plutôt essayer d'expliquer cette culture, la montrer, la valoriser, au lieu de tout faire pour la dénigrer. Je ne vois pas l'intérêt. Et je ne vois pas en quoi ça peut déranger tant de monde qu'il y ait une culture gaie. Ça n'enlève rien aux autres !

— Tu es président d'une association gaie, n'est-ce pas ?

— Oui. De l'Union des écrivains gais. Je suis également rédacteur en chef de *La Référence,* un cybermagazine sur la littérature gaie et lesbienne.

— Il y a, il me semble, de plus en plus d'associations gaies. N'y a-t-il pas un danger que certaines associations ghettoïsent le milieu gai ?

— C'est l'expression d'une peur qu'on entend souvent, la peur de se ghettoïser. Personnellement, je vois toutes ces associations non pas comme des choses fermées ni des ghettos mais, au contraire, comme des endroits d'affirmation qui permettent ensuite de rayonner vers l'extérieur. Ce sont des points d'appui, des moyens sur lesquels on peut se reposer pour aller vers les autres. Par exemple, quand je dis que je gère un site de littérature gaie et lesbienne, il n'est pas réservé aux gais et lesbiennes. Moi, j'invite tout le monde à venir le consulter, mais encore faudrait-il que les gens en aient envie ! Il y a quelques abonnés hétéros mais pas beaucoup. Plusieurs pensent que ça ne les concerne pas, que ça ne peut pas les intéresser. Pourtant, il y a sûrement des gais dans leur famille, donc ça parle aussi d'eux, de leurs cousins, neveux, je ne sais pas. Ce n'est pas nous qui nous mettons dans un ghetto, c'est souvent les autres parce qu'ils ne veulent pas s'intéresser à nous, savoir qui nous sommes.

Non, le ghetto, je ne le vois pas. De toute façon, pour moi, un quartier gai, ça ne peut pas être un ghetto car c'est ouvert à tous, et chacun y circule librement. Il n'y a aucune exclusion. La seule différence, c'est qu'on sait que c'est une zone où l'homophobie n'existe pas. Où les gais peuvent se tenir, bouger, se comporter normalement sans risquer d'agression. En fait, c'est ça la seule différence entre ce qu'on appelle un « ghetto gai » et le reste de la ville. Ça ne veut pas dire qu'il n'y a que des gais dans cette zone, car il y a de tout exactement comme dans le reste de la ville, la seule chose qui change, c'est que les gens qui sont là n'ont rien contre les gais. Moi, je trouve ça merveilleux. On devrait déclarer des zones sans homophobie comme ça un peu partout dans les villes et les pays. Montréal devrait se déclarer « Ville sans homophobie ». Tu imagines ! Quel exemple ce serait pour le monde !

— Ma dernière question, Pierre, c'est ma question ouverte. Je te demande sur quel sujet tu aimerais nous entretenir.

— Je souhaite terminer cet entretien par une vision positive et porteuse d'espoir. Je veux tout simplement dire que, pour moi, l'homosexualité, c'est le bonheur, c'est la joie aussi. Bien des gens sont persuadés qu'une vie d'homosexuel, c'est une pauvre vie, dans la solitude et sans amour. Souvent les parents sont tristes quand ils apprennent que leur fils est homosexuel parce qu'ils sont persuadés qu'il va vivre un véritable cauchemar. On veut toujours nous faire croire que l'homosexualité, c'est problématique, que c'est le malheur, une liste sans fin de complications. Oui et non. Je ne voudrais pas minimiser les épreuves qu'il faut traverser et dont on se passerait tous volontiers. Mais en même temps, ce n'est pas vrai que nos vies sont malheureuses et désespérées. Il y a toujours un moment où on apprend à faire avec et on passe à autre chose. On en ressort même plus fort. C'est d'ailleurs le message que j'ai voulu transmettre quand j'ai publié mon premier roman en 1996, *Retour sur les années d'éclipse*. C'est l'histoire d'un garçon qui commence à être heureux à partir du moment où il se rend compte qu'il est homosexuel. Plus il se découvre et plus les choses s'arrangent pour lui. L'homosexualité lui donne l'amour qu'il n'a encore jamais reçu. C'est vraiment très positif. Je pense qu'on devrait souligner aussi cet aspect positif de l'homosexualité et ne pas oublier, surtout, que le meilleur moyen de nous simplifier la vie, c'est de lutter contre l'homophobie et que tout le monde peut agir sur ce plan.

La deuxième réflexion que je désire faire, c'est en relation avec la sexualité. J'ai découvert celle-ci avec des hommes adultes. Très tôt, quand j'avais entre dix et douze ans, dans des lieux publics, les transports en commun, et je veux juste dire qu'aujourd'hui, on a souvent un discours très radical vis-à-vis de ce genre de situation, parce qu'on a très peur de la pédophilie, de la violence et des actes d'abus. Mais ce n'est pas toujours le cas. J'ai commencé ma sexualité avec des hommes alors que j'étais encore presque un enfant, avec des actes un peu clandestins, furtifs, dissimulés, et je dois dire que je cherchais ces occasions de rencontre, j'aimais ça. C'était à une époque où, dans ma vie familiale, je ne trouvais pas d'amour, je ne trouvais pas d'attention, et ces hommes, qui étaient pourtant passibles de prison pour ce qu'ils ont fait, m'ont quand même apporté beaucoup d'amour, enfin, c'est beaucoup dire parce que c'était court et qu'ils se sauvaient toujours tout de suite après... Mais c'est resté un souvenir agréable pour moi. Ils m'ont manifesté de l'intérêt... Ça m'a aidé à tenir le coup et à envisager l'avenir... Ça ne m'a pas du tout traumatisé. Au contraire. Comment j'aurais fait sans eux? C'est aussi simple que ça. Comment j'aurais fait? À une époque où tout était difficile, où tu ne pouvais pas parler de sexualité! Je sais que de nombreuses personnes voient ça comme une agression, mais je voudrais dire que ce n'est pas toujours vrai. C'est plus complexe que ça. Ce n'est pas pour rien que des sociétés prestigieuses ont déjà reconnu et valorisé de telles pratiques. Je sais que ça peut porter à controverse, mais c'est ma réalité. Moi, sans eux, j'aurais pas pu traverser la vie et être ce que je suis devenu aujourd'hui.

Dès le début, dès que je l'ai su, j'ai été heureux d'être gai. Je me disais que ça faisait artiste, que j'aurais une vie extraordinaire. Grâce à mon homosexualité, j'ai été amené à réfléchir très tôt à certaines notions comme les rapports majorité-minorité, l'injustice, les rapports de force et le pouvoir, le statut des minorités, etc. Je crois que ça a fait de moi un être plus conscientisé face à certaines réalités sociales que si j'avais été un monsieur en tous points dans la norme. Je trouve que le statut de minorité a ses inconvénients, mais il a aussi ses avantages. J'ai évolué dans un milieu intelligent, entouré de créateurs et de penseurs. Les gais sont organisés en communauté et nous nous entraidons beaucoup. Il n'y a pas de racisme ou de violence entre nous. C'est une chose que j'apprécie énormément. Dès qu'il s'agit de la communauté, on se rend plusieurs services. Tous les projets que j'ai pu réaliser ces dernières années, entre autres ce livre, c'est à la communauté que je le dois. Dans ce sens, je ne vois pas comment je pourrais ne pas me réjouir d'être gai. Par ailleurs, j'ai eu la chance de connaître énormément de personnalités, des êtres exceptionnels, qui évoluent tous dans la communauté. Je ne sais pas si j'aurais pu en rencontrer autant dans la « vraie vie ». Si on me proposait une pilule pour me rendre hétéro sur-le-champ, je dirais non. Il n'est pas question de ne plus être gai ! Je trouve vraiment que le fait d'être gai a beaucoup apporté à ma vie. Oui vraiment, le fait d'être gai ne m'a apporté que du bonheur.

— Et ce bonheur, on le voit dans tes yeux. Je te remercie beaucoup pour l'entretien que tu viens de m'accorder.

Témoignage d'un pompier

Je suis pompier. J'ai vingt-sept ans et depuis maintenant cinq ans je travaille dans une caserne de Montréal. Au travail, je n'ai jamais dit à personne que j'étais gai. Et comme je n'ai pas des manières efféminées, je crois vraiment que personne ne peut s'en douter. Je ne sais pas si cela changerait quelque chose si on l'apprenait. Peut-être pas. Mais je me souviens qu'à l'Institut où j'ai reçu ma formation, je l'avais confié à mes deux meilleurs amis, qui s'étonnaient de ne jamais me voir avec des filles. Ils n'avaient pas ri, ne s'étaient pas moqués, avaient même dit comprendre mon silence. Pourtant le lendemain, à l'école, tout le monde était au courant, et là, c'est devenu moins sympathique : des regards en coin, des sourires entendus, des petits gestes moqueurs ou pire : la prise de distance, comme si j'étais contagieux ou même dangereux !

Alors, maintenant j'aime mieux garder ça pour moi. Au début de mon affectation dans cette caserne, j'avais tellement peur que ma réputation m'ait suivi, que j'en ai même rajouté un peu. Je m'extasiais à chaque début de mois devant les charmes de la *calendar girl* mensuelle. Il y a de cette sorte de calendrier dans tous les postes de pompiers. J'accompagnais même parfois les gars aux danseuses et je criais et sifflais avec eux à l'arrivée de la fille sur scène. Une fois, il m'est même arrivé de payer des danses à notre table et je crois avoir été convaincant en roulant les yeux et en salivant. Ce soir-là, j'ai vomi en rentrant chez moi. Au party annuel de la caserne, je me fais toujours accompagner par l'une ou l'autre de mes bonnes amies. Pour le show, je la choisis jolie et complice. Elles aiment ça faire semblant d'être folles de moi, même que des fois elles en mettent un peu trop à mon goût. Puis, en revenant, on rit un bon coup en se rappelant les regards presque jaloux de mes confrères moins bien escortés ou du moins par des filles pas mal moins entreprenantes.

Alors c'est ça, je fais semblant. Je crois que je n'ai pas le choix. Pompier, c'est un métier viril où la subtilité des blagues ne dépasse pas des allusions comme la longueur des boyaux, la qualité de la pression, la force et la précision du jet ! Imaginez donc à quoi j'aurais droit si ça se savait ! Puis, je ne me sens pas du tout coupable de garder mon secret. Qui n'en a pas, des secrets ? J'en suis même venu à trouver ça plutôt amusant. Mon ami est également pompier, mais dans une autre caserne, en banlieue. On s'est rencontrés pendant notre stage. Ça paraît donc normal que deux pompiers soient devenus les meilleurs *chums* du monde. Lui aussi garde ça pour lui... enfin, pour nous. La seule affaire plate dans tout ça, c'est qu'on n'ose pas habiter ensemble. On a peur. Bien oui, peur... pas honte, juste peur. C'est sûr qu'ils pourraient pas nous mettre à la porte pour ça, on est trop bien protégés, mais peut-être que ça deviendrait assez invivable, puis les promotions, bien, je pense qu'il faudrait oublier ça. Vous imaginez, une *tapette*, chef des pompiers ? Même moi, cette idée-là me fait sourire, alors pensez un peu à tous ces bons gars virils qui seraient obligés de suivre les ordres d'une *moumoune* ! Mais c'est pas si grave, c'est sans doute le prix à payer pour avoir la paix, une certaine paix en tout cas.

C'est sûr, des fois j'aurais le goût de déployer la plus grande échelle dans la cour de la caserne, de monter jusqu'en haut, de faire partir la sirène et puis de leur crier la vérité. Ça viendra peut-être. Ça m'a pris tellement d'années juste pour le dire à mes parents! Une fois le choc passé, la première chose que mon père m'a fait promettre, c'est de ne pas en parler à la job, JAMAIS ! Il était pompier, lui aussi. Je sais pas pourquoi, probablement le soulagement d'avoir enfin franchi cette étape, mais moi, le cave, bien j'ai promis. Ma mère, elle, ne m'a rien demandé ; de toute façon, elle pleurait trop pour pouvoir dire un seul mot. Ça doit bien faire trois ans de ça, puis elle a encore les yeux rouges quand je vais la voir... toujours seul... parce que ça non plus j'ai pas encore osé. Faut croire que pour eux autres, un gai seul, c'est toujours bien moins pire qu'un gai en couple, parce que là ils seraient bien obligés de s'imaginer des choses, vous savez bien ces choses que les gais font ensemble... Non, ça, je le sens bien, ce serait au-dessus de leurs forces. Alors je respecte ça... et je me tais.

Car il y a sortir du placard et sortir du placard, *coming out* et *coming out*. C'est faux de penser que ce n'est qu'un mauvais moment à passer et qu'après, tout est réglé. Ça peut prendre des années pour sortir vraiment du placard. C'est comme s'il fallait y aller un morceau à la fois : un pied, puis l'autre, une main, puis la deuxième, tranquillement. Il n'y a pas de manière, pas de recette, pas de manuel là-dessus. Oui il y a ceux qui claquent la porte du placard d'un seul grand coup spectaculaire, mais il y a tous les autres aussi qui ne font d'abord que l'entrebâiller... pour voir très discrètement de quoi ça aurait l'air, un coup sorti.

Je suis de ceux-là. J'en suis pas fier, mais pas honteux non plus. Je sais seulement que j'ai bien moins peur du feu que de l'opinion des autres. Et ça, c'est certain que ça me trouble et que des fois même ça me met en colère, pas contre les autres, contre moi-même. Je me rends compte que ces jours-là, quand il y a une alerte importante, je prends plus de risques que d'habitude. J'ai même été déjà décoré deux fois pour des supposés actes de bravoure... mais je ne suis pas sûr que c'en était vraiment. Et j'aime mieux ne pas trop penser à ce que je voulais vraiment, ces jours-là.

Bien oui, je suis une *tapette* héroïque. J'ai donné mes médailles à ma mère. Ça ne lui a même pas fait plaisir.

GAÉTAN

« Famille, je vous hais. »
ANDRÉ GIDE,
Les Nourritures terrestres, 1897

Zilon : autoportrait

[Zïlon]

«Il y a déjà eu des artistes gais pour me critiquer, qui disaient que je n'étais pas un vrai gai parce que je ne faisais pas de l'art gai. C'est quoi de l'art gai, *câlice*? Je suis humain avant tout; ma préférence, c'est un homme et mes idées sont universelles.»

Quelques mots sur la vie professionnelle de
Zïlon

Peintre, affichiste, illustrateur, compositeur, réalisateur et performeur, Zïlon est, encore et toujours, l'artiste des extrêmes. Un jour, quelqu'un aurait dit de lui qu'il était «le Quentin Tarantino de la peinture», quelqu'un d'autre aurait suggéré «le Cocteau des ruelles». Bref, l'artiste ne fait pas de quartiers et aime bien fouiller dans les poubelles des bien-pensants pour porter ailleurs l'art institutionnel. Artiste autodidacte et interdisciplinaire, Zïlon pratique un art urbain, pop, à saveur bédéiste. Ses images colorées, vives et électriques organisent un véritable rock'n'roll visuel. On retrouve ses œuvres au sein de collections privées aux quatre coins du globe.
Zïlon est représenté par la galerie d'art Yves Laroche.

Entretien avec Zïlon

— **Bonjour, Zïlon. Tu m'as avertie que tu n'es pas quelqu'un de *politically correct*, et cette couleur particulière me plaît beaucoup.**

— Je sais que j'ai une allure de *rocker*. De nature, je dis toujours ce que je pense. Un jour, Luc Plamondon m'a demandé : « Qu'est-ce que tu fais dans la vie : des dessins ? de la peinture ? » Je lui ai dit : « Je fais du rock visuel. » C'est direct, en pleine face. J'essaye pas de camoufler. Y a des cris, y a des pleurs, on sent une sensualité, y a quelque chose de noir aussi. J'aime beaucoup le noir. D'ailleurs, je me souligne en m'habillant de cette façon.

— **As-tu eu une hésitation à m'accorder cette entrevue, tout en sachant que celle-ci serait publiée dans un livre ?**

— Non. Ça'a même été facile. Ça me fait plaisir de faire cet échange avec toi. Si ça peut aider d'autres gens à se reconnaître à travers la conversation qu'on va avoir – comme dans mon art –, c'est ça qui est le principal. Mais je vis présentement une rupture amoureuse, c'est récent, et ça va sûrement transparaître dans ce que je dirai. Je suis en plein dedans, ça me brûle au cul, ça me brûle le cœur, ça me brûle l'esprit. Je viens d'avoir une collision d'amour ! Je viens d'avoir un *crash* !

Et puis, je viens de terminer une exposition, il y a toujours une petite déprime qui s'installe après, en plus de la rupture amoureuse, Noël, le jour de l'An... c'est pas mal gros tout ça en même temps ! J'ai les dents pointues ces jours-ci. Lorsque je parle aux gens de ce que je vis présentement, je reconnais la peur chez eux, je vois visuellement leur corps qui se transforme comme un bouclier : « Oui, mais tu sais, la vie est belle... » Merde, on a le droit de vivre des choses tristes aussi, non ?

J'ai fait une interview un jour où j'ai dit : « La première œuvre que j'ai faite, c'est en sortant du ventre de ma mère, avec le sang qui était sur la table. » Ça m'a surpris qu'on n'ait pas coupé cette phrase au montage... parce que dans la plupart des entrevues que je donne, je raconte plein de choses et finalement, ils ne gardent que quelques mots pour dire (voix de robot soumise à un montage sonore) : « Je – suis – de – bonne – humeur. » Mais c'est pas ça que j'ai dit, *criss* ! Je sais, j'ai un côté *dark*, mais j'ai un côté lumineux aussi... Prends l'exemple de Wajdi Mouawad : son écriture est très sombre, mais c'est un homme bon, c'est un ange quelque part ! C'est une douceur ! Jamais je ne l'ai entendu parler fort. C'est quelqu'un qui écoute, c'est quelqu'un qui sait parler. Moi, par contre, je suis un verbomoteur, j'étouffe parfois les gens avec mes mots !

— Malgré les difficultés que tu viens de vivre, cela ne t'a pas empêché de dire oui à cette rencontre. Ton témoignage rejoindra des lecteurs, j'en suis persuadée.

— Comme tu l'as dit, ce sont des témoignages. Tu ne peux pas en avoir seulement du genre « Ah ! oui, moi je suis tellement de bonne humeur avec mon *chum*, tout va bien, tout est rose... » Non ! Non ! Non ! Y a le côté *dark side of the moon* aussi. Par exemple, ces petits jeunes qui pensent devenir des artistes rapidement. Ben non! Il faut travailler, il faut travailler fort, puis il faut continuer à travailler même si on t'a donné des fleurs ou des récompenses ou des prix. Il y a des épines qui se cachent sous les fleurs parfois, et tu te blesses. Je veux dire par là que tu ne peux pas arrêter. C'est pour ça que j'ai fait des dessins à l'encre noire dernièrement, car j'ai une idée de faire un livre d'art. Je sais que c'est le temps maintenant. Je crois que j'ai l'expérience pour y arriver. Je suis rendu là.

— Vers quel âge as-tu remarqué une attirance vers quelqu'un du même sexe que toi?

— J'habitais Sainte-Rose. J'avais quatre ou cinq ans, et je me rappelle une famille d'anglophones qui restait tout près de chez nous. J'y allais souvent, car c'étaient mes meilleurs amis. Il y avait plusieurs enfants dans cette famille, du très bas âge à l'adolescence, et je me souviens que j'avais le *kick* sur un des garçons. Un jour, dans cette maison, j'ai vu un vêtement qui lui appartenait, son maillot de bain je pense, et je l'ai touché. C'était peut-être un genre de fétichisme ou y avait-il un lien par rapport à cette personne? Je me souviens de l'odeur, de la texture aussi. En tout cas, il y avait quelque chose dans cette expérience-là, ça me troublait! Puis moi, je pense que – comme l'art – l'homosexualité, c'est inné. Je suis né de cette façon. Malgré tous les gna-gna scientifiques, moi, j'en suis certain. J'ai encore ce souvenir d'avoir été très attiré. Et plus tard, il y a eu d'autres épisodes...

— Quelles ont été ces autres expériences?

— Mes parents se débarrassaient de mon frère et moi l'été, et ils nous envoyaient dans des camps de vacances. J'ai vécu d'autres genres d'expériences, qu'on pourrait nommer entre guillemets «touche-pipi». Tu sais, j'ai toujours été attiré par les garçons, mais bon, je vivais ça en vase clos. Une fois, je

me souviens d'avoir demandé à ma mère, comme ça, indi-
rectement : « Comment t'appelles ça quelqu'un qui aime un
autre garçon ? » Je pense que c'était approximativement cette
question-là et la réponse qu'elle m'a donnée a été : « Un maudit
fif ! Quelqu'un qui est un dégénéré ! » C'était vraiment valorisant, ce genre de raisonnement ; ça ne m'aidait pas à sortir du
garde-robe !

Je dois te dire que j'ai vécu dans une famille dysfonctionnelle
au maximum et l'environnement était violent. Mon père était
alcoolique. Il abusait de nous physiquement, mais non sexuellement. On recevait des claques. Je me souviens d'avoir reçu
des coups de bâton sur le bout des doigts. Il déchirait mes
œuvres aussi, celles que je mettais sur les murs. Quand le bonhomme – on l'appelait le bonhomme – arrivait à deux heures
du matin, super-paqueté, et qu'il disait : « Va chercher les deux
chiens en haut, je veux leur parler » après avoir passé deux ou
trois heures avec la mère à l'entendre crier en bas... maintenant, c'était notre tour ! Puis le lendemain, on devait se lever
pour aller à l'école et garder un semblant de sourire !

Pour revenir à la question, j'ai toujours eu une attirance vers
les garçons, les hommes. Mais j'ai vécu un enfer aussi, parce
qu'il y avait une psychose dans la famille.

— Tu ne pouvais pas discuter avec eux ?

— Non. Il faut dire qu'à une certaine époque, on n'avait pas
tous les recours qu'on a aujourd'hui. De nos jours, lorsqu'un
enfant se fait abuser sexuellement ou violenter, il peut appeler
lui-même ou se faire aider par un voisin. L'enfant est plus
protégé aujourd'hui, heureusement. Pour une femme, c'est
la même chose. Et pour les gens qui sont sous l'emprise de
la violence, on a des solutions, pour le suicide aussi. Même
pour les jeunes, il y a des organismes gais qui les guident et les

aident à mieux comprendre leur sexualité, dans leurs désirs d'être ce qu'ils sont... Aujourd'hui, on a des outils. Même si ceux-ci ne sont pas efficaces à cent pour cent, ça s'améliore.

— Comment s'est passée ton adolescence ?

— Ça n'a pas toujours été jojo. Un jour, j'ai fait une confidence à un ami, et ç'a été mal reçu. J'ai vécu cela comme un échec et par la suite, je me suis retiré dans le garde-robe, comme on dit. Je me suis fait tabasser à la maison, mais à l'école aussi, car certains gars avaient senti que j'étais différent d'eux. On m'attendait à la sortie de l'école pour m'intimider, me taper dessus et m'écœurer ! Alors être gai, je gardais ça pour moi. C'est par le biais de l'art que je réussissais à manifester mon intérêt aux autres. J'ai toujours dessiné parce que pour moi, dessiner, c'était une façon de dire – une façon subliminale – « je t'aime ». Je faisais souvent des portraits de gens sur qui j'avais le *kick*. C'était surtout pour voir leur plaisir lorsqu'ils regardaient leur dessin, leur portrait.

Vers dix-sept ou dix-huit ans, j'ai commencé à sortir dans les bars. Dans ce nouveau groupe de personnes, j'ai connu d'autres gens, et parmi eux, il y avait un ou deux homosexuels, et ce sont eux qui m'ont fait découvrir des endroits dans le centre-ville de Montréal, des clubs comme le Night club gai de la rue Stanley, Le Jardin, le Lime light, le Glace... c'étaient les époques folles du *punk,* du *new wave* puis... Avant le sida, ce temps-là a été très érotico-sensuel ; on s'envoyait en l'air avec cinq ou six personnes en ligne. J'ai vécu plusieurs abus d'alcool, de drogues aussi. Quand on est mal dans sa peau, on veut se saouler, se perdre dans des paradis artificiels. Dans ces années-là, si l'amour secret de ma vie prenait de la dope, ben je faisais le singe aussi.

— Est-ce que tes parents, ta famille savent que tu es gai ?

— Ma mère le sait peut-être maintenant, mais je ne le lui ai jamais dit. Elle va le savoir avec ce livre.

— Pourquoi ne le lui as-tu pas dit ?

— Déjà que je sois un artiste, mes parents avaient de la difficulté à le prendre, tu vois ? Et ça aussi c'est inné... Pour me protéger, je fermais ma gueule. Moins d'informations, moins d'affrontements. J'en avais déjà assez de vivre la violence sans avoir ça en plus.

Aujourd'hui, ce qui arrive dans ma collision amoureuse, eh bien, je ne pense pas que ce soit terminé ; il y a encore des questions que j'aimerais éclaircir dans ma tête. Je ne pousserai pas jusqu'au maximum, je commence à être tanné d'être tanné, et si l'autre personne ne veut pas communiquer, je couperai les ponts. Pour l'instant, il semble y avoir encore un genre de communication, même si elle est fracturée. Mais une chose que je n'aime pas – peut-être parce que je n'ai pas encore trouvé l'outil pour l'arranger –, c'est de me faire abandonner ! Soit dans un projet d'affaires, par des amis en qui je croyais et qui m'ont foutu un coup de couteau dans le dos, soit en amour... J'ai toujours eu beaucoup de complexes ; je suis autodidacte en arts, mais autodidacte aussi comme être humain. Au départ, je me suis senti abandonné par mes parents. Ma mère, dans sa psychose, disait : « Ah ! mais tu sais, les voisins, ils font plus que toi, puis ils ont mieux. » J'étais jamais assez bon. On m'écrasait, constamment.

— Tes parents vivent-ils toujours ?

— Ma mère oui, mon père non.

Mon père, je lui ai pardonné en écrivant une lettre. Je lui ai dit que maintenant, je comprenais. J'aurais aimé m'asseoir avec lui, avec une bière, pouvoir le regarder dans les yeux en tant qu'adulte et lui dire : « Vois-tu, papa ? J'ai avancé pareil dans le monde, je suis ce que je suis et je comprends pourquoi tu as eu toute cette hargne, tu haïssais tout le monde, tu étais si ‹ vinaigre ›. Tu as pris ce que ton père t'a donné, tu l'as emporté avec toi et tu as continué à faire la même chose. » C'est peut-être pour ça aussi que j'ai des drôles de relations dans ma vie ! Je pense que dans un couple, il y en a souvent un qui prend et l'autre qui comprend. Moi, je suis celui qui comprend. J'ai un sens de la compréhension, je vois clair parce que l'image, c'est ma force. De ressentir si fort les choses, c'est bien, mais ça peut être douloureux aussi.

— Tu as juste un frère ? Tu n'as pas de sœur ?

— J'ai un frère et puis, à ce qu'il paraît, on devait être trois mais le premier est mort-né. Mon frère – il est hétéro – je n'ai rien contre, mais on ne se fréquente pas. On ne se voit pas réguliè-rement, on ne s'appelle pas non plus... En même temps, ça ne me dérangerait pas de le voir demain. Une fois, je l'ai vu dans une de mes expositions en 2002, avec sa nouvelle blonde. Ça m'a fait drôle de le regarder dans les yeux, parce que je recon-naissais un lien quelque part, c'était tellement intense ! Mon frère était devant moi ! C'est comme lorsque je regarde ma mère, je reconnais les yeux que j'ai sur mon visage ; j'ai vrai-ment les mêmes yeux qu'elle. Ma mère, je l'aime bien, mais je ne peux pas avoir une conversation très élaborée avec elle. Je peux parler de un jusqu'à dix, mais je ne peux pas me rendre jusqu'à cent.

— Ça te manque ?

— J'aimerais ça que ma mère me dise : « Viens ici que je te prenne dans mes bras. » J'ai voulu savoir ce que le mot câlin voulait dire. Je savais ce qu'était le mot en anglais, *hug*, mais je ne connaissais pas le mot en français. Lorsque le monde me donne des caresses, je deviens souvent raide comme un poteau. Je n'aime pas entrer trop vite dans une relation, c'est comme si je marchais sur des œufs. Étant donné que je n'ai pas eu d'affection plus jeune, je manque de modèle, je n'ai aucune référence. Donc, me faire toucher trop rapidement, je n'aime pas ça, je deviens sur la défensive ; ça me prend du temps avant de me sentir bien.

Si je prends comme exemple ma relation récente, elle va s'arrêter si je vois qu'il n'y a pas d'évolution. Il m'a laissé en me disant : « *It happens.* » Il s'était trouvé un autre *chum*. J'ai dit : « OK, vis ton expérience, puis tu vas voir que ce n'est pas plus rose de l'autre côté, tu sais. » J'ai le sentiment d'avoir été abandonné, qu'il a agi comme un traître, qu'il s'est caché derrière des mensonges, mais en même temps, je peux comprendre parce qu'il vient d'un milieu peu cultivé, où les gens s'engueulaient tout le temps entre eux. Je m'excuse de dire ça, mais c'est vrai. Je sais, moi aussi je viens d'un *background* semblable, mais j'en suis sorti. Je suis reconnu pour mon art maintenant.

— **Trouves-tu difficile d'assumer le fait d'être reconnu publiquement ?**

— Parfois, oui. Mais en même temps, lorsque mon dernier *chum* m'a vu sur le *stage* – j'ai fait un show, une prestation d'une des pièces en projet de mon prochain CD –, il m'a dit : « Je me sens dans ton ombre, je suis tout petit, comme un pouce de haut » ! Pourtant, moi, je lui ai dit : « Mais tu es très grand pour moi. » J'aurais peut-être dû lui dire : « Mais si tu te sens comme ça, ce n'est pas de ma faute. Moi, je t'aime bien. T'es là. Je suis content que tu sois là. » Mais vois-tu, je suis écœuré de faire des dessins pour expliquer le dessin. Bon, je sens qu'on s'éloigne du propos du livre...

— **En fait, pas tant que ça... C'est important pour toi de parler de ce que tu viens de vivre. Tu donnes à ta façon un éclairage sur l'amour, la vie, tes questionnements. J'aimerais que tu poursuives.**

— J'ai pleuré au début, j'étais à l'envers, j'avais de la misère à manger, j'ai exagéré sur l'alcool, sur les substances aussi... Je me suis dit : « Je me défonce et je me fous de ce qui va m'arriver ! » Tu vois, une petite attitude suicidaire ! Lorsque j'ai parlé de tout ce qui m'arrivait à mon amie Diane – c'est ma meilleure amie, je la connais depuis vingt-cinq ans –, elle m'a dit ceci : « Tu ne te sens pas bien dans la vie, Zïlon. Mais, en même temps, tu composes bien avec elle. » J'ai compris que la personne la plus dangereuse dans le monde, c'est moi-même.

À l'époque où je vivais encore avec mes parents, on commençait à expérimenter les drogues. Je me souviens d'être revenu d'un party qui avait mal tourné, et je me sentais responsable de tout ça, c'était ma faute si toute cette merde était arrivée. J'ai vu une bouteille cassée ou un morceau de verre dans la rue, et puis là, j'ai commencé à me couper... j'ai senti une douleur mais, en même temps, j'ai ressenti ma fragilité aussi. Voir le sang couler. Voir la blessure. J'ai eu une période où je me coupais.

— **Volontairement ?**

— Oui. J'avais une lame de rasoir puis je me coupais. J'allais ensuite dans les clubs *punk* et tout le monde croyait que c'était un *look* que je me donnais. Je leur disais : « Veux-tu voir si je suis un touriste ? » Je prenais la lame de rasoir et je me coupais devant eux – pas assez sérieusement mais... – pour leur montrer, pour leur dire : « Je vis ! » Mais j'étais *out of it*. Je me souviens de ça, je l'ai fait et je ne le regrette pas.

Après, il y a eu une époque où je me cachais les bras avec des grandes manches aussi. Mais si la personne ne peut pas accepter ces épisodes-là de ma vie, ça veut dire qu'elle n'a pas besoin d'être avec moi.

C'est ça que je veux dire : « Je suis vivant. » Mon art et ma personne. J'ai déjà été très complexé parce que je me trouvais – et encore des fois ça m'arrive – très laid. Ça explique pourquoi les anorexiques se voient gros alors qu'ils sont maigres comme des poteaux... Ce que je tente d'expliquer, c'est que lorsque mon tremblement sentimental est arrivé dernièrement, je me suis senti comme un monstre. Je me sentais comme : « Pourquoi tout casse ? » Je ne comprenais pas la logique.

— Comme si c'était encore de ta faute ?

— C'était de ma faute, encore ! Mais je suis en train de reprendre des forces. Il n'y a pas si longtemps, j'ai donné un atelier sur mon art, devant des étudiants, à la galerie Yves Laroche. Une pièce de musique jouait et c'est venu me chercher directement au cœur. Je me suis dit : « Bon, il faut que j'aille aux toilettes. » En blague, j'ai dit aux jeunes : « J'ai bu beaucoup d'eau avant votre arrivée, faut que j'aille pisser. » Et rendu aux toilettes, j'ai commencé à pleurer. Je me suis regardé dans le miroir des toilettes de la galerie, les yeux rouges, et je me suis dit : « T'as encore les yeux d'un petit *kid* qui veut jouer, et t'es pas accepté par la gang. » Comme je l'ai été quand j'étais jeune. C'est toujours quelque chose qui est comme une répétition.

— Une situation qui est récurrente, qui revient sans cesse... tant que l'on ne brise pas le cercle...

— Je sens comme quelque chose de grand en moi, mais je sens aussi que les gens ont peur de moi parce que je suis trop franc parfois. J'ai le goût de dire merde ! Je suis écœuré d'être écœuré, tanné d'être tanné. Alors je me suis dit : « OK là ! On se réveille. T'as une bonne gueule, *criss !* T'as pas une gueule comme tous les clones qui se promènent dans le Village, là ! »

— Tu te trouves différent des autres gais ?

— Je vais te raconter quelque chose que j'ai vécu dernièrement. Je suis allé à une fête gaie. Je devrais plutôt dire un désastre gai. Il y avait un couple qui venait de se rencontrer, ça faisait deux mois environ, et il vivait le grand amour. Dans ma tête, je me disais : « Quand la lune de miel sera finie, peut-être que tu vas t'apercevoir de la mauvaise haleine de l'un, puis des poches en dessous des yeux de l'autre. » Toujours est-il qu'ils avaient choisi deux bagues sur lesquelles ils avaient fait graver leurs initiales. C'était la grande fête, avec la bouffe, le champagne qui coulait allègrement, tout le *kit !* À la fin de la soirée, ils se sont retirés dans leur chambre, comme des mariés ou des fiancés. Mais en même temps, il leur fallait un public, tu vois ! Les yeux me roulaient dans la tête à cent milles à l'heure. Je me suis passé cette réflexion : « *Cou'donc !* Ils sont retardés ou quoi ? »

Tout ça pour te dire que le milieu gai que j'ai aimé, il s'est terminé dans les années 1980. À ce moment-là, il y avait un côté alternatif. Aujourd'hui, tu regardes dans le magazine *Fugue* et tu peux trouver toutes sortes d'arrangements : « Le condo pour vous. Le couple mâle par excellence, avec votre petite Audi, votre petit caniche, vos petits ci, vos petits ça. » Non mais... *câlice !*

— Mais ça, ce n'est pas juste dans le milieu gai que ça se vit, tu sais !

— Si j'ai un *loft* un jour, je voudrais m'asseoir avec un archi-tecte et lui dire : « Je veux un espace pour travailler, un espace pour dormir, puis un espace pour me reposer... ou, en tout cas, pour avoir du *fun*. Je veux un écran LCD, un écran géant parce que j'aime ça regarder des films. » C'est pas une affaire de petite vie de couple ça ! Quand je regarde la plupart des couples, c'est désolant... pas tout le monde, mais ils sont rares, les gens que j'admire, ceux qui ont du vécu et qui savent tenir une conversation intelligente. Dans les relations de travail aussi : quand tu n'as pas de conversation, tu n'as rien.

— Le côté faux de certaines personnes te touche vraiment, n'est-ce pas ?

— Justement, dans cette fête gaie dont je te parle, j'ai vu une panoplie de gais que je trouve artificiels, qui ont besoin de pilules dans le corps pour fonctionner. J'en prends parfois, moi aussi, mais j'en consomme pas de façon démesurée. Une fois, j'avais pris de l'*ecstasy* avant d'aller dans un club, ça fait longtemps de ça. La personne m'avait dit : « Avec ça, tu vas triper sur la musique, sur le monde, etc. » Plus tard, cette personne revient, j'étais *stone*, c'est certain, et elle me demande : « Puis ? Tripes-tu ? » Je lui ai répondu : « Je suis peut-être *stone*, mais je ne suis pas fou : c'est plate en *osti icitte* ! » Tu sais ce que je veux dire... Quand t'es artificiel, t'es artificiel et ça pue l'artificiel ! Ça pue ! C'est comme essayer de sentir une fleur en plastique. Je m'excuse, mais moi, j'aime mieux la vraie fleur.

— La différence entre l'amour et l'amitié, c'est quoi pour toi ?

— Bien, l'amour gai, à date, avec les hommes avec qui j'ai vécu... on dirait toujours que la garantie finit après cinq ans. Je ne sais pas pourquoi, mais c'est comme ça. Au lieu de s'asseoir puis de se dire : « On se redécouvre. » Mais ce n'est pas le cas. C'est peut-être moi qui n'ai pas la touche là-dessus.

En ce qui concerne l'amitié, j'ai très peu d'amis, mais j'en ai de très bons. Je vis des amitiés à plusieurs niveaux : l'amitié de *business* – ça ne veut pas dire que je vais aller souper avec la personne qui m'engage – l'amitié temporaire et, ce qui me sauve jusqu'à aujourd'hui, l'Amitié avec un grand A! Le dernier temps des Fêtes n'a pas été désastreux; il y a eu des coups de téléphone, très surprenants parfois. Moi, je me confie aux gens, j'ai l'audace de le faire, parce que l'autre – mon *chum* ou *whatever you call it* – il dit : «Ah mais t'en parles à tout le monde!» J'ai besoin de parler parce qu'autrement, moi, je *pèterais les fuses*!

— C'est sans doute dans ta personnalité. Tu as besoin de partager tes joies, comme tes peines.

— Oui. Et tu sais ce que je lui ai répondu? «Moi, ça ne me dérange pas... moi, je t'aime encore. Qu'ils pensent n'importe quoi de nous autres, pour moi, ce qui est important, c'est moi envers toi. Et toi, c'est quoi tes sentiments envers moi?» Ça, c'est encore le grand point d'interrogation actuellement. Il n'a pas su quoi me répondre. Le même scénario tant de fois répété avec d'autres personnes! Lorsqu'une relation se termine et que l'autre te dit : «Je ne t'ai jamais aimé!»... Qu'est-ce qu'on a fait en attendant? Il faut être deux pour danser un tango, non?

— Tu as eu des amis qui étaient là durant ces durs moments?

— Jusqu'à maintenant, ce qui me tient le plus, c'est l'amour de mon chat, qui s'appelle Méphisto. Parfois, on dirait qu'il comprend quand je suis triste; il me donne des câlins ou il me divertit, à sa manière. Il y a aussi mon amie Diane, elle est comme ma sœur et je suis son frère. C'est ma famille présente. Je peux lui parler, elle n'a pas peur de mon discours, et vice versa. On se parle. Et si ça arrive qu'on n'a rien à se dire, on n'a pas d'amertume l'un envers l'autre; le silence ne nous fait pas peur. Tandis qu'avec d'autres, il faut remplir les moments avec des niaiseries. Il y a des gens aussi que j'ai rencontrés grâce à mon métier et qui sont merveilleux. Je pense à Wajdi, qui m'a appelé pour me souhaiter Joyeux Noël, malgré tout, parce qu'il savait ce que je vivais, et il m'a dit : « Zïlon, je veux te dire quelque chose : je t'aime beaucoup. » Ça, ça m'a mis à l'envers, mais dans le bon sens, tu sais. Une autre personne m'a appelé, un autre hétéro. J'ai plus de relations avec des hétéros qu'avec des gais ! (Rires)

— **Vois-tu une explication à ça ?**

— Ils sont plus sincères. Parce qu'ils m'acceptent comme je suis et ils n'ont pas de jugement envers moi. Tandis que, jusqu'ici, toutes les relations gaies que j'ai eues – est-ce le fait que Zïlon est un personnage, ce n'est jamais simple. Je ne sais pas ce qui se passe dans leur putain de petite tête, mais moi, je suis toujours le même homme depuis que je suis né – pas avec ce nom-là, mais le même bonhomme.

— **Est-ce qu'on pourrait connaître ton prénom ?**
— Raymond.

— **Sens-tu parfois les gens loin de toi ?**

— Je suis écœuré de jouer à Batman. Mais j'imagine que je le suis encore. Batman arrive chez lui, enlève son costume et il est tout seul, à côté d'un feu de foyer, et il se dit : « Comment ça se fait qu'il n'y a personne qui m'aime ? Mais, en attendant, il faut que je me batte contre le Joker, le Pingouin et toute la gang. Les vilains, c'est ma job. Il n'y a personne qui entre dans ma vie ou, s'il y entre, il se fait tuer automatiquement par ces vilains-là. » Comme je dis souvent aux gens : « Bon ! J'ai fait mon clown sur le *stage,* et lorsque je reviens chez moi, j'enlève mon nez de clown puis je braille. » Y a pas grand-monde qui voit ça, tu sais, je suis tout seul.

Cette grande solitude se vit aussi par rapport à mon métier. J'ai créé ma carrière. Zïlon, c'est un personnage qui, au tout début, était une *joke,* comme Zorro, mais il est devenu plus grand que nature. Je suis également un agent provocateur. Ça, je le sais. Quand j'ai fait mes dessins urbains, je n'ai demandé la permission à personne pour m'exécuter sur un coin de rue, ou dans une cabine de toilettes dans un club. Aujourd'hui, on me paye pour faire mes dessins sur leurs murs. C'est une grande différence !

— Dans ta vie professionnelle, as-tu dû t'imposer pour faire ta place au soleil ?

— Si j'avais attendu la permission de l'un ou de l'autre, je serais encore dans un trou. Ça s'appelle de l'audace. Déjà enfant, mon père déchirait mes dessins, refusait que je mette n'importe quoi sur les murs ; mais quand je suis devenu adolescent, il me le permettait enfin, parce que là, quand t'es ado, t'es capable de faire face au bonhomme. Et il le savait très bien ! J'ai toujours eu à me battre pour aller plus loin dans mon art, mais ça, ça fait aussi partie de ma personnalité.

Il y a un parallèle avec le milieu gai que je connais. Si on me pose la question : «Comment tu te sens comme gai ?», je réponds : «Un, j'haïs ça ! Deux, j'haïs la culture gaie. » Ben, c'est une manière de dire... disons plutôt je ne trouve rien d'intéressant qui colle à moi. Je me sens différent, pas uniquement parce que je suis gai, mais aussi à l'intérieur du milieu gai. Et même dans mon métier.

— J'imagine que tout ce qui a un rapport avec les défilés, les fêtes gaies, tu n'aimes pas beaucoup ça ?

— Je suis un gars qui aime les hommes. Mais la culture gaie, pas vraiment. Ce n'est pas parce que le Cirque du Soleil est fameux que j'aime ça. Je ne suis pas fou des clowns non plus! J'irai peut-être à un show si on me donne un *ticket,* mais je n'irai pas payer pour aller le voir.

Il y a déjà eu des artistes gais pour me critiquer, qui disaient que je n'étais pas un vrai gai parce que je ne faisais pas de l'art gai. C'est quoi de l'art gai, *câlice*? Je suis humain avant tout; ma préférence, c'est un homme et mes idées sont universelles. Quand je vois la maladie, les traitements, des gens mourir du cancer, que ce soit un enfant, que ce soit un adulte, un vieillard ou bien quand j'entends parler des guerres, des sécheresses ou des désastres, ça me touche. Pas parce que c'est : «Ah ben, regarde! Y a un groupe de gais qui est mort dans un tremblement de terre.» Je ne suis pas ghettoïsé dans ma tête : je touche à tout. Je veux dire, je suis un paratonnerre, et je n'ai pas le flambeau gai *pogné* après mon cul!

— Donc, la Fierté gaie, tu n'y participes pas.

— Je fais les affiches pour Divers/Cité. C'est ma façon de collaborer par mon travail, mais c'est tout. Je m'excuse, moi les ghettos, non merci! Si je n'y participe pas davantage, c'est peut-être aussi parce que je suis un être très sauvage, en fait, je ressemble à un chat qui s'est fait tellement échauder qu'il a de la misère à avoir confiance en lui-même.

— Vois-tu un lien entre l'implication humanitaire et sociale, et l'implication dans un couple?

— Je trouve que l'humain est devenu un parasite, un cancer. On est en train de détruire la planète. Puis des fois, je crois même que l'humain vient d'une autre planète! Ils ont tué une autre planète et ils sont venus civiliser celle-ci et ils sont en train de la détruire. Je trouve que l'humain est très dangereux. Comme je le disais à ces *kids* l'autre fois : « On a tous des ordinateurs chez nous, on se dit très sophistiqués en technologie, on possède presque tous un cellulaire, mais on ne peut pas prendre une minute pour dire : « Salut, Roger ou salut, Marie, je t'aime. Je viens de penser à toi. » Les gens ne prennent plus le temps de faire un compliment. On a peur même de dire qu'on aime. Aimer, ça se dit à toutes les sauces puis de toutes les façons. « J'aime un char. J'aime ton *chum*. J'aime mes souliers. » Mais vraiment dire « je t'aime » ! C'est ça le plus important !

Tu sais, ce que je vis présentement, je l'ai dit à plusieurs de mes amis : « J'aimerais ça qu'il m'appelle, qu'il me dise : "Tu me manques." » Rien que dire ça. Mais bon ! C'est moi qui pense pour les autres, et je commence à être écœuré de ça aussi. Je lui ai envoyé des courriels pour lui dire : « Oui, tu me manques. » Est-ce qu'il rigole avec son nouveau *chum* ou quoi, je ne le sais pas. Ça, c'est peut-être des tourmentes que je donne à mon petit cerveau parce que je suis une personne très imaginative. L'imagination peut jouer des tours aussi alors, tu te retrouves avec plusieurs scénarios à la con qui t'arrivent dans la tête puis tu as un sentiment de *drama-rama,* et c'est en cinémascope en plus ! Pfffff ! Il faut que je réfléchisse, il faut que je relaxe parce que je ne pense pas que l'autre personne est totalement indifférente.

La dernière fois qu'on s'est parlé, il voulait avoir un *break* d'un mois. Il m'a dit qu'il se sentait très confus. C'est peut-être le prix à payer pour avoir la tête dure, mais est-ce que je suis un personnage, un romantique qui n'a pas encore trouvé son ange, qui n'a pas encore trouvé la personne qui m'inspire et que j'inspire ? Qu'on puisse se laisser pendant deux mois, trois mois, on sait qu'on est là l'un pour l'autre, dans notre cœur et dans notre esprit, et qu'il n'y a rien qui va se passer, parce que la confiance et le respect existent... Bon, il peut y avoir des gaffes, ça arrive des gaffes, ça peut arriver, mais merde! Si on n'est pas capable d'en parler et qu'on le cache, ça finit toujours par transparaître, ça se voit dans l'attitude.

Quelques jours plus tard, l'autre personne m'a ensuite dit : « Il faut prendre une distance parce que là, c'est mon début de quarantaine, j'ai ma crise... » J'ai dit : « Bébé, je viens d'avoir cinquante ans en juillet, fais-moi pas chier avec ça! » Toute cette situation occasionne plein de rebondissements et, à travers tout ça, j'apprends. Alors, si tout ce que je raconte peut servir à des jeunes gais, ce sera déjà ça de pris!

— On dit que les épreuves font grandir : qu'en penses-tu ?

— Le monde a souvent une idée rose de l'amour, de la romance, d'une relation, que tout ça c'est pour longtemps, que c'est pour la vie. Je crois plutôt qu'il faut casser plusieurs pots avant de commencer à reconnaître que la première personne que tu dois aimer, c'est toi, et après ça, peut-être que tu vas attirer quelqu'un d'autre qui s'aime aussi... Et il faut laisser le temps au contact de se faire. Si tu manges trop de tarte au sucre par exemple, ben ça te rend malade. Même si c'est bon.

J'ai un ami, entre guillemets – te rends-tu compte, je l'appelle maintenant «un ami entre guillemets»... Mon *boy friend,* je l'appelais toujours à la blague mon *abstract boy friend,* parce qu'on ne savait pas s'il s'en venait ou s'il s'en allait... J'ai même été en prison à la suite d'une soirée de beuverie où il a pété les plombs... j'étais en *tabarnak,* puis le lendemain, je me suis dit : « *OK. I forgive and I don't forget.* » Après cet incident, des amis m'ont dit : « T'aurais pu le laisser ici, t'aurais pu le lâcher là. » Mais il y a aussi des gens qui me disaient : « Tu l'aimes encore. » Donc c'est clair que c'est à moi d'arrêter complètement cette relation.

— C'est toujours nous qui décidons, c'est quand même rassurant!

— Ce n'est pas facile, les relations... Je constate qu'il n'y a pas de barrière avec la relation que j'ai avec mon art. Je pense qu'une relation entre humains, c'est de l'art aussi. C'est comme un *work in progress.* Quand ça commence à décoller ou que ça commence à casser, il faut s'asseoir et regarder la situation, et essayer de réparer les choses.

— As-tu eu de la difficulté, parfois, à assumer ton identité gaie?

— Au début, oui. C'était encore aliénant et je ne savais pas de quelle façon ça serait reçu, à cause de mon environnement. Ma mère dit encore : « Ah! regarde la maudite *tapette,* la maudite *moumoune!* » Alors je me suis toujours dit que ce n'était pas le temps de lui parler de ça, tu comprends? C'est comme un vieux singe qui a appris une chose, tu ne peux pas le changer. Je pense que c'est ça : un singe, c'est un singe! Un serpent, c'est un serpent! Une poignée de porte, c'est une poignée de porte! Il faut prendre les choses pour ce qu'elles sont, devant tes yeux, comme ça. Mon dernier *chum,* c'est une grenouille : même si je l'embrasse quarante-six fois, il ne deviendra pas un prince!

— Non, c'est sûr. (Rires)

— Je vais me retrouver avec des verrues plein la baboune! Il va peut-être devenir un prince un jour, mais pour l'instant, je suis en train de pogner des verrues au cœur. Je ne vis pas un tremblement de terre, mais un tremblement de cœur. C'est comme des plaques tectoniques. Il y a bien des changements qui jaillissent des ruptures, je sais!

— Sur le plan professionnel, tu ne caches plus le fait que tu es gai?

Aujourd'hui, je suis plus solide sur mes jambes et ça ne me dérange plus que les gens le sachent. Lorsque je donne des interviews, disons que je ne vais pas les chercher, je n'arrive pas à la télévision avec un t-shirt aux couleurs gaies ni avec un flambeau ou un drapeau accroché après mes oreilles. Je suis plutôt discret, j'aime ça m'habiller en noir, ça fait très japonais, plutôt zen, mais si la question est posée, je vais y répondre du mieux que je peux.

— Peut-on reconnaître un gai à sa tenue vestimentaire ? Ou par un autre signe distinctif ?

— Ça dépend... Peut-être chez d'autres personnes mais personnellement, j'aime le noir. C'est ma couleur préférée. Les dessins au feutre que j'ai faits, c'était avec des feutres noirs. Je n'ai pas pris des feutres de couleur, mes peintures, mes dessins sont noirs. Bon là, le monde va dire : « Y'é noir aussi dans son esprit. » Non, c'est parce que je trouve le noir séduisant.

— Vas-tu dans les bars gais ?

— J'y vais encore, mais maintenant, j'ai un peu ralenti le pas, parce que je trouve que c'est toujours la même maudite platitude dans ces lieux ! J'y suis retourné dernièrement : on dirait que c'était encore la même merde après plusieurs années. Les gens sont toujours au même *spot*, puis c'est toujours les mêmes maudites niaiseries, la même maudite musique... Je l'ai fait, je l'ai vécu : c'est fini ! J'ai hâte de trouver une alternative à ça. On dirait que les gens aiment ça être homogènes. Tu vas d'un bar à l'autre, c'est toujours la même *câlice* de toune de Céline qui joue en *remix*, en *remix*, en *remix*, il paraît que ça fait vendre de la bière. Il n'y a pas le côté aventurier que je vivais à la fin des années 1970 et au début des années 1980, avec l'audace du *DJ*. Il y avait un côté artistique qu'on ne retrouve malheureusement plus aujourd'hui.

Dernièrement, j'ai dit à un ami : « Comment ça se fait qu'il n'y a personne qui vient me rencontrer ou me parler lorsque je suis dans un bar?» Bon, c'est sûr, les vieux maquereaux, ils pourraient *cruiser* une poignée de porte puis ça ferait la même maudite affaire. La personne m'a répondu : «Tu as un regard très fort... la personne te regarde puis il faut qu'elle y pense à deux fois avant de t'approcher parce que t'as pas l'air d'un *social butterfly*.» Tu sais, je ne suis pas du genre : «Allô! Comment ça va? (bruits d'embrassades)» Penses-y deux fois avant de te mettre la langue dans ma bouche parce que m'a te l'enlever! Si je ne te connais pas, ne viens pas me faire chier.

— **Les gais ressentent ça en te voyant?**

— C'est ce qu'on dit. Ils sentent sûrement que je n'aime pas me faire toucher. Les gens que je ne connais pas et qui commencent à me toucher, j'haïs ça! Et je pense que, physiquement, je le dis aussi : je m'habille en noir, c'est comme un bouclier; j'ai peut-être l'air d'une gargouille dans les clubs en train de boire sa bière. Il y a peut-être aussi le personnage Zïlon qui éloigne ou intimide les gens. On ne sait pas à quoi s'attendre. On regarde son travail, on entend parler de lui... Peu de personnes se sont aventurées jusqu'à moi et, d'autre part, il y a eu des rencontres tellement faciles avec des hétérosexuels.

— **Quel genre de gais t'attirent?**

— Je suis beaucoup attiré par les tatoueurs. Comme tu as remarqué, j'ai des tatouages sur moi. Il y a des belles gueules qui font ce métier, ils ont des têtes d'hommes, tu sais. Moi, les fluettes, je ne suis pas capable! Regarder *Juste pour rire*, c'est drôle au début, mais après un certain temps, c'est assez! Moi, je veux un gars-gars. Je veux un homme-homme devant moi. Mon regard sait reconnaître certaines beautés. Il y a la beauté plastique, on la voit sur les couvertures de *Fugue*, ces beaux petits jeunes hommes *photoshopés* qui sont le rêve de plusieurs petites *tapettes* en quête d'illusions, mais quand tu regardes les gens qui sont dans les clubs... Où est-ce qu'il est, ce monde-là? Seulement sur la couverture des magazines! Puis tu regardes aussi la plupart des magazines gais européens, américains, c'est toujours des beaux petits gars avec le *chest board*, les pectoraux, pratiquement les culottes par terre... la beauté fatale, mais tout ça, ce n'est pas vrai!

— Le vieillissement te fait-il peur?

— J'ai maintenant cinquante ans, et aujourd'hui, je me suis acheté un manteau de cuir en me disant: «Merde! Je ne veux pas avoir l'air d'un banquier, je veux avoir l'air d'une *rock star*! C'est sûr que ça me fait un peu *flipper*. Quand je vais dans les bars, j'ai parfois l'impression que je fais du *baby-sitting* tellement les gars autour sont jeunes. Ça me fait penser à des relations père-fils. Par contre, je sais que je suis encore très jeune dans mes idées, dans mon esprit aussi, et je garde la forme physique, car c'est important d'avoir un beau corps sans *bédaine*! J'ai aussi une punktitude que je peux mieux contrôler aujourd'hui, je ne suis pas fou-fou comme je l'étais dans les années 1970. Les guidons de mon *bécycle,* je sais comment les conduire. Je suis même rendu derrière une Porsche, et je fonce!

Je viens de mettre sur pied un groupe de musique, à cinquante ans! J'aimerais devenir un *sex symbol* comme Mick Jagger, David Bowie, pour dire à ceux qui vieillissent qu'il y a encore une vie après trente ans, après quarante ans... Je souhaiterais devenir une référence pour la jeunesse, parce que je sais que ça se peut!

— Le *coming out* chez les gais, trouves-tu ça important?

— Je vais te dire franchement, ça ne me dérange pas parce que je peux comprendre ceux qui ne le disent pas. Moi, je l'ai fait, mais il y a eu une époque où je ne pouvais pas le faire. Ensuite, il y a eu un autre moment où ce fut possible. Donc, chacun a sa façon de grandir dans son vécu.

— Quelle est ton opinion sur le mariage gai ?

— Ça, je n'y crois pas. Je n'ai jamais cru au mariage, même chez les hétérosexuels. Si tu aimes quelqu'un, ce n'est pas avec une bague ou ce n'est pas avec un contrat. Il n'y a pas de contrat pour la confiance. Je trouve que c'est bidon, c'est mon avis.

— L'engagement peut être fait autrement ?

— Je connais des gens qui vivent ensemble depuis longtemps et tout va bien. Ils se parlent dans leur couple. Si je désire donner un bijou symbolique pour un ami, un amour, alors là oui, je suis d'accord. Ce n'est pas une chaîne invisible que je mets après mon doigt et celui de l'autre, tu comprends ? Et puis le mariage, moi, je l'ai vu s'empoisonner avec ma mère et mon père, et chez bien d'autres personnes gaies et hétéros...

Je trouve que les gais souhaitent être alternatifs et avoir un nouveau type de vie, puis ils sont en train de copier carrément ce que font les hétérosexuels, parce qu'ils veulent avoir leur plan dentaire ! J'ai le goût de dire : « Réveillez-vous ! » En tout cas, moi, je ne crois pas à tout ça !

— Les enfants dans un couple gai, est-ce possible ? Y crois-tu ?

Je ne suis pas un maniaque d'enfants. Mais je ne leur ferais jamais de mal. Je les aime beaucoup. Ils sont comme des vieilles âmes ! Je regarde physiquement les gens, leur visage, leurs yeux, j'aime beaucoup ça ; par cet intermédiaire, je peux me rendre compte de leur bonté. Les enfants, moi non, mais ça ne me dérange pas pour les autres. Les parents doivent en prendre soin, et surtout, faire attention à ce que l'enfant ne devienne pas un objet de vanité. Ce ne sont pas des meubles ! Moi, c'est ce qui m'est arrivé, j'ai été traité comme un meuble... Souvent mon père me disait – et même ma mère, même si elle ne s'en souvient pas, moi, je m'en souviens – que je n'avais pas été voulu. Donc qu'un enfant grandisse dans un milieu gai et que la raison soit : « Je veux des enfants parce que c'est l'*fun* »... Non. Je ne suis pas d'accord. Un enfant, ce n'est pas un ballon, ce n'est pas un chaton ! Ça n'existe pas la SPCA pour eux, et si ça existait, je pense qu'il y aurait beaucoup d'enfants qui se retrouveraient là-bas. Il ne faut pas jouer avec un être humain, je dis OUI pour ceux qui sont de bons papas et de bonnes mamans, mais pour les autres, tenez-vous loin de cette idée-là. Ça me dérange parce que moi, j'en ai souffert.

— Quelle est ton opinion sur l'homophobie ?

— Lorsqu'on pose un regard sur nous, du genre : « Ah, regarde la *tapette* l'autre bord ! », j'appelle ça de l'imbécillité humaine ! On est en 2006, et en 2200, je pense que l'être humain sera encore crétin ! On vit dans une société technologique et on n'a pas encore appris. Maintenant, le racisme est vu sur Internet, l'homophobie aussi. Ce sont des *loosers,* ce sont des gens pour qui je n'ai vraiment aucun respect... On est humains, merde ! On a droit à nos fautes et on a droit à nos choix.

— Crois-tu que le sida fait toujours aussi peur ?

— J'ai vu des films pornos, et là, ça recommence : ce sont des petits jeunes, des films tournés en Europe, le *barebacking* qu'ils appellent ça, des vidéos avec des baises sans condom... Je suis sûr que c'est le cas aussi des gens qui prennent des drogues miracles, les *crystal met* ou les pilules de joie, ainsi que les gens qui se rencontrent et qui, après un mois, pensent qu'ils sont des âmes sœurs et se disent : « Ah ! Je suis en amour !

On ne prendra plus de condom !» C'est très dangereux et on continue quand même. Et les hôpitaux continuent à se remplir de gens qui, malheureusement, n'arriveront pas à sortir de ces endroits-là. Il y a encore des gens qui meurent. Les gens sont – comme je le disais pour l'homophobie – im-bé-ci-les. Quand t'es con, t'es con !

— **Tu appartiens sans doute à la génération qui a perdu beaucoup d'amis, de connaissances à cause du sida ?**

— J'ai perdu plusieurs amis, oui. J'en ai même rencontré quelques-uns, des connaissances, et le lendemain, ils n'étaient plus là, ils mouraient... J'ai vu aussi le ravage physique, j'ai vu le ravage mental, oui, j'ai vu...

— **C'est comme si les jeunes oubliaient ce qui s'est déjà passé...**

— Bien oui, on oublie. C'est ça, les nouvelles putains de générations ! On pense qu'on est toujours *le boutte de la marde*, puis qu'on est toujours plus *smatte* que les autres. On n'est pas capables de s'arrêter pour penser, on ne prend pas le temps de réfléchir, de discuter et d'en parler ; on pose des actions qui sont complètement connes, puis des fois, c'est comme jouer à la roulette russe : c'est fait, pis c'est fini ! Tu sais, le monde pense qu'il y a encore des pilules miracles pour s'en sortir, mais quand tu paies trois mille dollars ou je ne sais plus combien par mois pour tes médicaments... Je me rends compte que malheureusement, le monde tient trop les choses pour acquises.

— **Montréal a été nommée destination gaie par excellence. As-tu un commentaire à faire là-dessus ?**

— C'est un attrape-touristes ! On va avoir plus de touristes. Mais sans doute que ça reflète une certaine tolérance dans notre ville aussi... Je peux y voir le bon côté. Mais il y a l'autre côté, ça va être un gros party : « Heille ! Y a ben de l'Américain *icitte*, y a ben de l'Européen ! On va *cruiser* ! » Tu sais, ça va créer un grand champ de viande, puis le monde aura une meilleure sélection au supermarché. Il y a le côté « Olympiques » de qui a fourré le plus de monde ! Ça aussi ça arrive, tu sais, et c'est une réalité. Donc, comme je dis, c'est kif-kif : y a vraiment les deux côtés de la médaille.

J'ai été invité à l'événement de Kyoto au biodôme – j'exposais une toile – puis j'observais les autres invités qui se promenaient avec leur verre de vin, de champagne ; ces gens regardaient les pauvres petits pingouins dans leur cubicule minuscule... Tout le monde sait que ce n'est pas leur habitat naturel, mais eux riaient, en mangeant des petites bouchées haut de gamme. Je me suis senti écœuré d'être là. Après la cérémonie qui a été, à mon avis, très superficielle, je suis enfin sorti à l'extérieur et j'ai vu une caravane de gros autobus qui laissaient tourner leurs moteurs pour réchauffer le cul des dignitaires qui retournaient à leur hôtel. On peut payer deux cents dollars une contravention parce que notre char a roulé au ralenti plus de trois minutes, alors tout ça, c'est de la *bull shit* de politiciens ! Tu vois, encore un autre côté de la médaille, sous un couvert de bonnes intentions.

— Je sens que l'injustice et l'irresponsabilité sont des lieux communs qui te touchent profondément.

— Tu sais, des imbéciles, il y en a partout ! Qu'ils soient jaunes, noirs ou *whatever you call them*... quand t'es imbécile, t'es imbécile ! L'an passé, quelqu'un qui m'a dit : « J'ai un ex-*chum* qui est devenu VIH dernièrement. » Je lui ai répondu : « Qu'est-ce que t'en penses ? Est-ce que tu te sens le plus triste de la Terre ? » Il m'a dit : « Non. » J'ai ajouté ceci : « Quand t'es con sans le VIH ou quand t'es con avec le VIH, t'es con. C-O-N ! »

Tu meurs con!» Qu'est-ce que tu veux que je fasse de plus? Bon, c'est sûr que c'est triste, mais comme ma mère et une *toune* disaient dans le temps : « Tu l'as voulu, tu l'as eu. » Chacun a un choix, chacun fait un acte et s'assume. Tu sais, nous sommes tous de grands garçons et de grandes filles, et ce n'est pas le pape qui va nous arrêter! Et les affiches qu'on retrouve dans les clubs enfumés, dans un coin noir, disant : «Arrêtez le *crystal met*»… il y a des gens qui expérimentent… mais si t'es assez concombre pour continuer, ben c'est toi qui vas avoir des cellules brûlées pis une couple de dents en moins!

— Je suis maintenant arrivée à ma question ouverte, Zïlon. Je te laisse la parole sur un sujet de ton choix.

— Est-ce que je crois en l'amour?

J'ai eu souvent des moments où je me suis dit : «Je pense que je n'aurai plus jamais quelqu'un près de moi.» J'ai eu ce *feeling*-là. Est-ce que je suis défaitiste? Ou peut-être ai-je peur de moi-même? Sans doute que le seul amour que je connaisse, c'est celui d'amis proches, mais un amant, un amour, un ami, quelqu'un qui est à côté de moi, et moi près de lui… comme la pièce des Pretenders, *I'll stand by you*. Faudrait l'écouter plus souvent, cette chanson-là! Sentir la présence de l'autre dans les bons moments comme dans les plus difficiles. Mais pffff! Quand on vit un mauvais moment, c'est souvent là que l'autre décide de partir.

J'espère rencontrer quelqu'un qui sera à ma juste valeur, et vice versa. Comme je l'ai dit tantôt, le tango, ça se danse à deux. Je souhaite avoir un partenaire avec qui il est possible aussi de rire. Et si on se laisse quelques jours, eh bien, ne pas avoir peur qu'il me trompe; la confiance, c'est important dans un couple. Aujourd'hui, on peut avoir des *chums* par catalogue. Quelqu'un m'a dit : «Tu devrais aller dans les saunas te trouver quelqu'un!» Je lui ai répondu : «Ah oui! la belle *bracket* de viande qui se tient là, à moitié *stone*, avec des morpions et peut-être une MTS en prime!» Et après ma petite soirée d'aventure, je me retrouve à la clinique, pour me faire prescrire des antibiotiques parce que le *boutte* me brûle! Je m'excuse, mais je veux de la qualité. J'ai avancé dans le temps maintenant, je reconnais un diamant d'un zircon. C'est solide et ça m'éclaire. J'ai une âme, je ne suis pas fait en polyester, je ne suis pas fait en plâtre, j'ai un cœur qui peut être très grand... J'ai de l'amertume aussi, mais ça vient à s'estomper, l'amertume. Je ne peux pas garder ce sentiment à l'intérieur de moi très longtemps.

Dans mes dessins et certaines peintures, on voit dans les regards de mes personnages un certain espoir. Mais pour l'instant, c'est une aigreur que j'ai dans la bouche quand je vois des manifestations d'amour autour de moi... Ça me fait mal aux yeux de voir des gens s'embrasser sur la rue ou dans un film. Dans *Hiroshima, mon amour*, j'aime beaucoup cette phrase : «Je redeviens très fort et peut-être qu'un jour, j'aurai la surprise...» Parce que c'est ça une surprise, c'est une chose à laquelle tu ne t'attends pas. Donc, je crois aux surprises. Mais à l'amour, non.

— Cinq mois plus tard...

— L'accident que j'ai vécu il y a un peu plus de cinq mois maintenant me fait découvrir, avec le recul, un tableau bien différent de ma situation. J'ai pu voir l'amas de cadavres d'ex-*chums* qui ont traversé ma vie. Mêmes situations, mêmes *patterns* qui se renouvelaient sans cesse. En fait, j'ai vécu avec des gens qui exploitaient ma bonté et qui, avec le temps, me détruisaient. Enfant, tu vis déjà une situation abusive avec tes parents, donc tu te crées comme des anticorps pour te préserver de la douleur. Tu n'as jamais connu l'amour, alors tu reproduis ce que tu as reçu. Mon père me disait que j'étais un *looser*, qu'il avait regretté de m'avoir eu, il m'abaissait sans cesse : c'est ça, l'amour ? Alors je me suis dit : « Il faut que ça arrête ! »

J'ai rencontré une nouvelle personne vers le mois de février. Je l'ai *flushée* assez rapidement parce que ça devenait trop compliqué. Je ne voulais pas me retrouver cinq ans plus tard avec encore la même dynamique non réglée. Il y a quelque temps, j'ai rencontré une autre personne. Il est Québécois mais d'origine étrangère. C'est un jeune homme allumé, intelligent, et tendre aussi. Il est gentil avec moi et ça me déséquilibre. Ça me fait peur parce que, vois-tu, j'ai trop été habitué à ce qu'on abuse de moi. Parfois, je me pince et je me dis : « Est-ce vrai ce que tu vis ? », et de l'autre côté, je sens la crainte de le perdre.

Lorsque j'ai vécu ma dernière rupture, c'est vrai que j'étais à vif, je ne tenais pas vraiment compte des conseils autour de moi. Je devais vivre moi-même ce deuil. Depuis, j'ai fait plusieurs prises de conscience et j'ai décidé de m'améliorer. Je ne veux plus tomber dans les mêmes scénarios. Par contre, je sais que je dois encore faire attention au serpent déguisé ou au charme du démon !

Depuis que je prends soin de ma personne, je me sens mieux. Et en ce qui concerne la nouvelle personne que je viens de rencontrer, nous sommes des amis pour l'instant. On échange une belle amitié et c'est très bien ainsi.

Je dois encore décortiquer ce que je vis. L'amour doit être réinventé. Je fais un pas à la fois.

Il y a de l'espoir pour moi quelque part. Je vois les choses différemment, je lis entre les lignes et je modifie mes comportements face à la vie. Avant, je donnais beaucoup, mais je ne prenais pas le temps de regarder les choses toxiques qui m'entouraient. Je ne les voyais pas. Maintenant, je m'occupe de mon jardin, et lorsque je vois de la mauvaise herbe, je m'en débarrasse tout de suite. Les fleurs de mon jardin, je prends la responsabilité de les arroser !

Je suis assez grand maintenant pour marcher tout seul. Même si ce n'est pas toujours facile. Je m'aperçois que je suis un existentialiste. Un peu comme Jean-Paul Sartre, j'ai la nausée de l'injustice. Pas uniquement à cause du milieu gai, mais de l'injustice partout dans le monde. Je suis un humain avant d'être un gai. Et avec toutes les horreurs qui se passent dans le monde, ça me donne la nausée, ça m'écœure !

Je continue d'avancer. Parfois, je dois me donner des coups de bâton sur la tête pour aller plus loin devant. Mais ça, c'est moi. Et le premier pas que j'ai décidé de faire est de m'accepter comme je suis. Lorsque je me regarde dans un miroir, j'ai l'impression que mon visage a changé. Mon regard aussi. Je suis en train de voir les fruits de mon travail.

C'est une histoire à suivre. Oui, il y a de l'espoir dans l'amour. Mon espoir n'est pas automatiquement le même que le tien... Il est différent pour tous ; et si j'aide quelqu'un avec cet entretien, si je suis un modèle pour devenir meilleur, tant mieux. C'est comme pour mes peintures : si tu te compares aux autres, pendant ce temps, tu ne te vois pas, tu perds de vue ta propre grandeur, tes petits bonheurs présents et futurs.

Quand tu marches en regardant le ciel bleu pis que tu te mets le pied dans la crotte de pitou, ça, ce n'est pas grave du tout... L'important, c'est de savoir comment, après, nettoyer ta semelle de soulier sur le gazon !

— Merci beaucoup à mon invité *politically* incorrect !

Remerciements

Je remercie très chaleureusement mes cinq invités d'avoir accepté de participer à ce livre d'entretiens : Luc Boulanger, Philippe Dubuc, Alex Perron, Pierre Salducci et Zïlon. Sans eux, ce livre n'aurait pas vu le jour. Merci également aux trois personnes qui m'ont livré leur témoignage sous pseudonyme. Cela en dit long encore sur la difficulté de dire, ouvertement.

Un immense merci à Anne-Marie Villeneuve d'avoir cru en mon projet et de m'avoir fait confiance. Son accompagnement éditorial tout au long du processus d'enfantement de ce livre fut exceptionnel. À Isabelle Longpré et Marie-Josée Lacharité, merci pour leurs conseils judicieux. Je ne trouve pas de mots assez justes pour dire à Isabelle Lépine à quel point j'ai été impressionnée par son travail de création concernant la page couverture de ce livre. Je n'oublie pas ma collègue Anouschka Bouchard qui, avec son doigté humain et professionnel, travaillera à faire connaître ce livre auprès des médias. Merci aussi à toute l'équipe de Québec Amérique, spécialement à Carla Menza, Louise Piché, Sandrine Donkers et Rita Biscotti. Les réviseurs Diane Martin et Claude Frappier ont scruté mon manuscrit avec leurs yeux de lynx et je leur en suis très reconnaissante.

Un merci spécial à Mathias Brunet, auteur de *Paroles d'hommes* chez Québec Amérique, qui a semé chez moi le germe d'écrire ce livre. Le livre *Paroles de femmes,* d'Anne-Marie Villeneuve, a été également une belle source d'inspiration.

Je ne peux terminer mes remerciements en passant sous silence le soutien de mon « chum de mari », Normand de Bellefeuille, qui, par son expérience du monde de l'édition, a fait que je me suis sentie plus solide et confiante aux différentes étapes de mon premier livre. Merci pour ta patience et ta grande générosité.

Table